CES PETITS RIENS

QUI VONT TRANSFORMER VOTRE VIE

Éditions Kiwi
Édition : Le Melon
Graphisme : Le Litchi
Illustrations : Elen Lescoat
Shutterstock.com © One line man

ISBN : 978-2-37883-006-9

Hugo Bariller

CES PETITS RIENS qui vont transformer votre vie

La méthode globale

kiwi

à Serge et Irène Poète

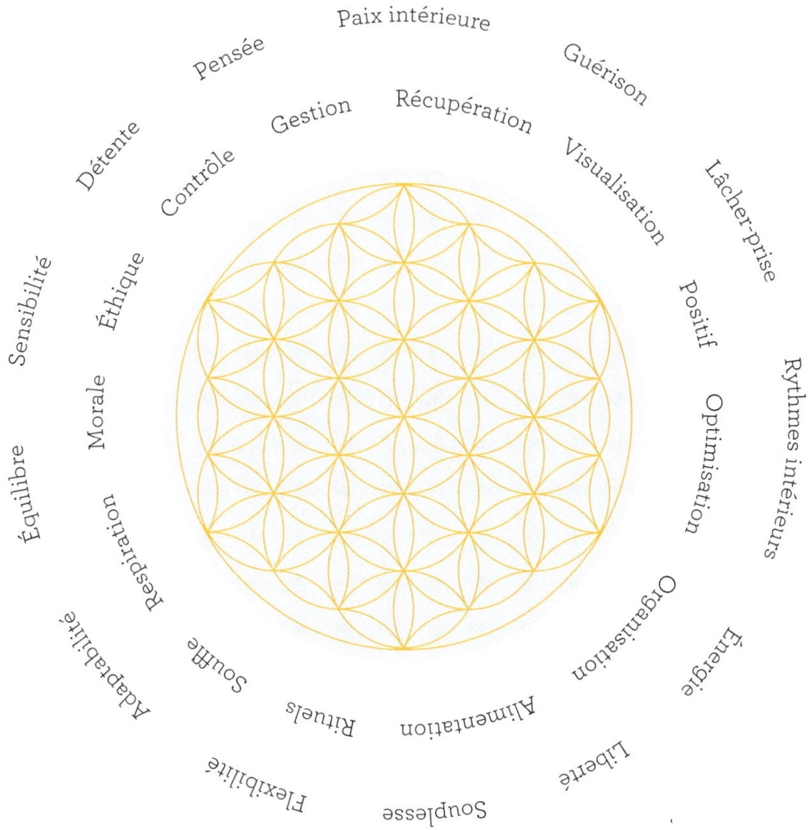

Ce sommaire se déroule autour d'une fleur de vie, symbole que l'on retrouve dans pratiquement tous les temples antiques du monde, toutes cultures confondues, souvent gravé sur le sol, ou en sphère sous la patte avant d'une statue massive de lion ou d'une créature mythologique. La fleur de vie représente l'Univers, l'équilibre parfait, la division cellulaire, l'apprentissage… On y retrouve le nombre d'or et un grand nombre de figures géométriques.

Comme les rayons d'une roue de vélo, chaque chapitre correspond à une partie de cette fleur de vie et est forcément lié à tous les autres. L'ensemble soutient notre chemin de vie ; c'est en tout cas ainsi que je structure le mien.

SOMMAIRE

Introduction

Moscou, décembre 2012

Je monte les escaliers d'un immense bâtiment circulaire fait de briques massives. Le lieu est étrange, immense et improbable. C'est l'un des décors proposés par l'équipe qui nous a fait venir pour ce film. Il doit dater de la fin du XIXe siècle. Les marches sont faites d'un carrelage moderne tranchant, sans doute réhabilité depuis peu. Moscou regorge de bâtiments massifs dont on conserve les façades extérieures d'époque pour aménager de façon moderne l'intérieur. J'ai la tête enfarinée. La veille et l'avant-veille déjà, nous avions tourné des séquences spectaculaires de courses-poursuites sur les toits de la capitale soviétique, dans un froid glacial. Nous avons carte blanche : on nous propose des décors, à nous d'en tirer le meilleur potentiel et de présenter les chorégraphies les plus folles. Je suis cascadeur et j'ai la chance de travailler avec plusieurs équipes. Celle-ci, menée par Cyril Raffaelli, a la réputation de faire des actions en live avec le minimum de trucages. C'est pour ça que nous sommes ici.

Je ne prête pas beaucoup d'attention à cet escalier, je pense plutôt à ce qui nous attend sur les toits où commence cette séquence. Cyril s'arrête tout en haut des marches, penseur, il regarde dans la cage d'escalier, une vingtaine de mètres plus bas. On se connaît bien. Je vois son regard pétiller... et je sais que c'est pour moi. « C'est pas mal ça, me dit-il. Je te verrais bien descendre à fond par l'intérieur avec une trentaine de gars tout le long qui tentent de t'attraper ! »

Je me penche à mon tour. C'est très haut. Chaque étage est fait différemment. Les rambardes sont tranchantes, ainsi que tous les angles... Je peine à apercevoir le bas qui se perd au loin, huit étages plus bas. Les deux autres cascadeurs se penchent aussi et observent le décor, également dubitatifs...

Nous entamons alors une discussion sur la façon de réaliser cette cascade un peu dingue. Je doute d'être capable de le faire avec la vitesse et la fluidité que souhaiterait Cyril. Il sourit : « Ne t'inquiète pas, on va y aller tranquillement, étage par étage, c'est moi qui te longe. »

Le décor me paraît extrêmement complexe à gérer et, depuis un accident de jeunesse, j'ai un petit vertige que je dois appréhender. Nous posons les sacs, ils installent la longe de sécurité pendant que je m'échauffe. J'enfile un harnais, Cyril se place pour me sécuriser du haut. Les deux autres amis disposent quelques matelas aux points clés difficiles à négocier. J'ai peur, mais avec la concentration et des mouvements respiratoires j'en chasse une partie. Je souffle un grand coup et me place dans le vide. Du haut, Cyril me donne les instructions. Il me laisse proposer les mouvements qui me viennent pour descendre le plus vite possible et de la façon la plus visuelle. Il complète la chorégraphie et me guide. Les deux autres amis m'encouragent et me sécurisent au besoin. Ce décor est décidément très complexe à aborder, mais c'est justement pour cela que Cyril s'y intéresse.

Au milieu de l'escalier, je bloque. Une voie me parvient du haut, c'est Cyril :

– Tu te sentirais de sauter l'ensemble en diagonale, là, en face ?

– Heu... il faudrait que tu descendes, parce qu'il n'y a pas que la diagonale à sauter. Si je fais ça, j'atterris un étage plus bas, et je vais arriver très fort sur la rambarde ! répondis-je.

– Oui, je sais, mais je pense que tu peux le faire, je te retiens au cas où. Allez, vas-y !

Je grommelle... À chaque fois que je travaille avec un câble de sécurité, j'essaye de me persuader que je n'ai rien, parce qu'ensuite j'aime faire les actions en live sans trucage, et surtout parce que dans une configuration comme celle-ci, une sécurité empêche de se tuer, pas de se blesser...

Je réunis en moi l'énergie nécessaire, c'est parti ! Je suis concentré à mille pour cent. Je saute comme si ma vie en dépendait, le saut est invraisemblable, je saisis la rambarde en fer en amortissant l'impact. Mon cœur bat fort. Cyril me répond : « Bon bah tu vois ! Super, après tu descends les trois derniers étages d'une seule traite en relais pieds/mains/pieds/mains, puis tu te lances à droite contre le mur pour t'expulser à gauche et disparaître du cadre ! » Je connais bien ce jargon et m'exécute. Les difficultés sont là, mais comparé au reste, cela me semble presque facile.

Arrivé en bas, je prends un temps seul pour me détacher. C'est une des cascades les plus compliquées qu'on m'ait demandé de faire. Je suis ravi, mais je crains de ne pas pouvoir aller aussi vite que ce que l'on attend de moi. Remonté en haut, nous faisons un point d'équipe pour parler des difficultés et résoudre les points clés.

Nous nous remettons au travail toute la matinée. Je descends de mieux en mieux, mais j'ai du mal à lâcher prise, à gagner en vitesse. Je prends mes marques, j'ancre ce décor dans ma mémoire corporelle pour le connaître par cœur, comme si je devais le faire les yeux fermés. Nous convenons d'exécuter cette cascade en plan séquence, filmé en top shoot, c'est-à-dire que la caméra va filmer par le haut et descendre au fur et à mesure avec moi, pendant que 30 figurant tenteront de m'attraper tout du long... Cyril me confie : « Par contre, si l'on fait ça, je ne peux plus t'assurer en visuel, je devrais me cacher, je te laisse en libre sur le fil, à l'aveugle... »

Je réfléchis quelques instants. Il n'y a pas cinq personnes à qui je confierais ma vie au bout d'un fil, mais Cyril est l'une d'entre elles. Il a toute ma confiance. Quand il m'assure, il se met dans le même état de concentration que moi. J'ai aussi très envie d'offrir aux spectateurs une séquence de qualité ! Et ce challenge me plaît, c'est en partie pour ça que je fais ce métier, pour me surpasser. C'est donc d'accord. J'ai le sourire jusqu'aux oreilles. L'équipe du film passe nous voir et repart ravie de ce que nous leur proposons. Nous commencerons par cette séquence le lendemain matin !

Quand je suis en tournage, je ne profite jamais beaucoup des chambres d'hôtel. Comme souvent, je passe une bonne partie de la soirée à m'étirer pour drainer l'acide lactique dans tout mon corps. Le froid m'empêche de bien m'échauffer. Je dois être frais pour être au top le lendemain et les jours suivants.

À mesure que je m'étire, je visualise cette cascade, encore et encore. Je regarde les vidéos des répétitions pour me corriger, améliorer des détails qui m'auraient échappés. Je me concentre de plusieurs façons différentes, laisse monter l'énergie en moi comme un tourbillon, prépare mes affaires et protections pour les genoux et les coudes. J'aimerais doubler ma vitesse de descente. J'ai calculé que je descendais les huit étages en plus de 20 secondes ; j'aimerais passer à douze. Comme d'habitude, la nuit est courte. Je dors peu, impatient d'être au lendemain, et le réveil sonne tôt.

Nous arrivons sur le décor. L'équipe du film a déjà installé une structure tout en haut pour câbler la grosse caméra qui sera au-dessus de moi. Mes amis m'aident à m'échauffer, on se motive entre nous. L'esprit d'équipe est crucial, surtout dans les métiers dits « à risque ». Nous faisons un premier essai, les 30 figurants costaux censés jouer des policiers des forces spéciales n'ont jamais fait de tournage et tentent réellement de m'attraper. La barrière de la langue nous joue des tours. J'arrive à expliquer à certains qu'il faut faire semblant, pour les autres... je leur échapperai vraiment ! Cela ajoutera du réalisme. Cyril et moi préférons en rire. Ce travail est un mélange savant de grands moments de concentration et de grands moments de fous rires et de détente.

C'est parti, tout est en place. Nous retirons tous les matelas. Je suis heureux d'y aller. J'effectue une première descente. La prise est réussie, bien que les figurants me gênent énormément. Je m'adapte... Nous refaisons la prise encore et encore. Je gagne en vitesse, cette cage d'escalier si inhospitalière est devenue ma maison ! Je me libère et prends des automatismes. Les prises sont bonnes. L'équipe semble prendre plaisir à regarder, et je corrige des détails, prise après prise, pour améliorer le tout. J'atteins maintenant facilement le bas en moins de 12 secondes. En fin de compte, je fatigue plus à remonter les marches au milieu des figurants qui me congratulent qu'à descendre...

Le grand saut du milieu reste le plus dur, je me claque les mains à chaque fois sur le métal. Les barres sont rectangulaires et à angles droits... Après plus de 15 prises, je commence à laisser de petits morceaux de peau à cet endroit. Je signale à Cyril que je commence à avoir ma dose. Il stoppe immédiatement la séquence. « On a largement ce qu'il faut. » Être cascadeur, c'est surtout savoir s'arrêter à temps, avant l'accident.

Nous changeons de décor pour passer en haut du toit où plein d'autres cascades m'attendent. Il est à peine midi... L'équipe est ravie et très chaleureuse. Je grignote pour ne pas être trop lourd. J'ai encore 5 jours à tenir à ce rythme-là, et je dois gérer mon énergie pour la diffuser tout le long.

Un an plus tard, je découvre le film : la séquence a été extrêmement mal montée et le résultat final est beaucoup moins impressionnant que ce que nous avions tourné... Mais plutôt que d'avoir de la rancœur et de la déception, je tâche de n'en garder que de bons souvenirs. Après tout, ça fait une histoire de plus à partager !

Pour parvenir à réaliser ce type de cascade, j'utilise tout un arsenal de techniques qui me permettent de me préparer physiquement et mentalement, d'être toujours au top de ma forme et en pleine possession de mes moyens. Tous ces petits « trucs » sont faciles à mettre en place et à appliquer dans la vie quotidienne pour être bien dans son corps et bien dans sa tête. Pas la peine de faire des cascades, rassurez-vous. Beaucoup de ces « recettes » que je m'applique à moi-même sont finalement très simples et, bien utilisées, pourront véritablement transformer votre vie.

J'ai lu très peu de livres de développement personnel. Les techniques que je vous présente tout au long de cet ouvrage ont été mises au point avec l'expérience, en croisant connaissances et savoir-faire, avec comme seule règle « ce qui est bon, je le garde et je l'améliore ; ce qui est mauvais ou que je juge peu utile pour moi, je le laisse de côté, mais sans l'oublier ». J'en ai découvert une grande partie seul, ou par « explorations transversales », et j'ai souvent appris bien après qu'elles reprenaient les mêmes principes que des méthodes déjà existantes.

Quand on parle de travail sur soi, on utilise souvent des termes compliqués (sophrologie, auto-hypnose, pleine conscience, yoga, développement personnel, etc.), sans penser que des réalités simples sous-tendent toutes ces techniques. Et c'est bien dommage, car ces terminologies complexes font fuir la plupart des personnes qui en auraient besoin. Pourtant, il n'est pas nécessaire d'avoir des connaissances poussées pour pouvoir profiter de ces méthodes. Moi-même, qui les utilise au quotidien, je ne me sens pas concerné par la plupart des livres qui en parlent, car ils ont tendance à trop les intellectualiser, rendant leur approche souvent hermétique, alors qu'elles sont utilisées depuis des siècles, voire des millénaires ! Les méthodes et techniques de développement personnel sont la propriété de tous. C'est un bien immatériel que l'on devrait pouvoir se transmettre sans avoir à adhérer à la sémantique d'un auteur.

C'est par l'enseignement traditionnel du Judo que j'ai pu acquérir, sans le savoir, une bonne partie de ces connaissances. Cette pratique martiale mêle en effet étroitement le corps et l'esprit, et est réglée par un code moral de 8 vertus (contrôle de soi, politesse, respect, courage, amitié, sincérité, honneur et modestie), aussi essentielles dans le Dojo que dans la vie privée et professionnelle. Cette véritable école de vie, empreinte de sagesse et de philosophie, m'a donné des repères solides et a ancré en moi des valeurs profondes. Elle m'a appris à me cultiver, à avoir confiance en moi, et m'a aidé à comprendre le monde, à analyser mon environnement avec soin, à m'accomplir...

Pour mon professeur, Serge Poète, le judo était la voie de la souplesse, mais une souplesse robuste, celle qui permet au roseau de plier sous le vent et la tempête quand le chêne finit par se briser. Il ne faut pas s'opposer à la force par la force, mais savoir l'utiliser, la déjouer, la contourner. Il illustrait ses cours avec des métaphores japonaises riches de sens, qui s'appliquaient également à une certaine vision de la vie. Hélas, l'apprentissage traditionnel du Judo, tel qu'il m'a été enseigné, a presque complètement disparu aujourd'hui en France.

Écrire un livre figure depuis longtemps sur la liste des choses que j'aimerais faire dans ma vie, mais je ne pensais pas l'accomplir si vite. La rencontre avec mon éditeur en a décidé autrement. Il a su me convaincre de me lancer dans ce pari un peu fou, et a trouvé les mots pour m'encourager à réaliser l'une de mes plus « grosses cascades » : retranscrire ma façon de vivre, de penser et de m'alimenter afin de partager tous ces petits riens qui ont transformé ma vie. Ce livre regroupe tous les petits gestes qui me rendent heureux, en pleine forme, en bonne santé, en réel accord avec moi-même, positif et prospère.

Levez le voile, osez vous confronter à vous-même.

Faites le bilan

Quand on construit une maison, on commence toujours par creuser le sol pour faire des fondations solides. Ça n'est qu'une fois ces fondations réalisées, que l'on peut acheminer des matériaux et monter des murs sans risquer qu'ils ne se fissurent et se lézardent. Depuis toujours, je croise des gens qui s'intéressent à leur bien-être, mais s'éparpillent face à toute la « matière première » disponible pour se construire. Comme s'ils tentaient de monter des murs à même le sol sans cohérence et sans vision d'ensemble. Ils se condamnent donc à devoir sans arrêt consolider des murs instables qui soutiennent un toit où la pluie s'infiltre parfois. Faire le bilan avec soi-même, c'est exactement comme préparer le sol à recevoir des fondations stables : ça prend du temps, on rencontre des difficultés, on dégage des choses enfouies… Et une fois achevé, c'est invisible comme la partie cachée de l'iceberg. Mais c'est la garantie de la solidité et de la stabilité de l'édifice.

PAR OÙ COMMENCER ?

S'intéresser à son bien-être sans commencer par faire un bilan, c'est comme vouloir semer les graines de son jardin sur une dalle en béton…

« Par où commencer pour aller mieux ? » La question est évidemment lourde de sens. Et contrairement à tous les magazines, je ne vais pas vous proposer un programme « miracle » et vous promettre des résultats époustouflants en seulement quelques jours. Pour aller bien, l'important est d'articuler l'ensemble des choses qui nous composent afin d'avoir une vision d'ensemble globale et cohérente.

Ce n'est pas parce que vous êtes en surpoids, trop vieux, inapte ou non-intéressé, que vous ne pouvez pas bouger, réfléchir, méditer, apprendre, faire du sport et… aller mieux. La société nous renvoie en permanence des images directes ou subliminales qui polluent nos pensées en profondeur. En travaillant dans l'audiovisuel, j'ai pu constater à quel point les décalages entre ce que l'on filme et le rendu final étaient importants. Les techniques et l'artisanat de l'image permettent de faire de la magie avec rien pour déformer le réel et faire rêver le spectateur. Quand c'est au service d'une belle histoire, tant mieux. Mais quand c'est pour faire de la pub à une multinationale qui se moque des conséquences, c'est plus gênant.

Combien de personnes sont complexées par leur corps et se comparent inutilement à des mannequins retouchés qui ne sont d'ailleurs pas si beaux dans la réalité ? Je pourrais citer beaucoup d'exemples qui montrent à quel point les publicités faussent le réel pour mieux manipuler le consommateur et à quel point l'éthique et le bien-être, souvent utilisés comme devanture dans ces mêmes publicités, sont généralement la dernière de leurs préoccupations. Sur un film, je préférerais toujours travailler avec un acteur en surpoids qu'avec un « musclor », car ces derniers sont tellement raides qu'ils ne semblent pas libres de leurs mouvements. Beaucoup de vérités ne sont pas là où on les croit.

On ne nous le dit pas souvent, mais la vie est comme de la pâte à modeler : nous ne disposons pas tous, à la naissance, de la même quantité, mais elle sera toujours malléable. Si vous vous intéressez aux techniques de bien-être en général, vous connaîtrez sans doute déjà une partie des sujets que l'on va aborder ici, mais peut-être sans avoir réalisé à quel point ils sont tous interconnectés et indissociables.

Ce livre offre une vision circulaire qui va vous aider à cibler en vous les choses qui vous déplaisent, sur lesquelles vous n'arrivez pas avancer, ou même que vous refusez de voir. Au fil des pages, j'y explique les raisons pour lesquelles je me suis penché sur tel ou tel sujet, par quel biais j'ai découvert ou appris telle ou telle méthode et ce qu'elle a changé pour moi. J'ai écrit ce livre pour couper les ponts et les joints hermétiques du langage qui scindent des sujets qu'on ne devrait pas séparer. Considérez l'ensemble des sujets abordés ici comme un tout, comme les cercles concentriques d'une fleur de vie. Vous pouvez donc les aborder comme bon vous semble, dans l'ordre que vous voulez, car chaque sujet est forcément relié à tous les autres. Mais ne le lisez pas tout d'un seul coup : distillez, laissez infuser vos pensées. Laissez agir.

OÙ EN ÊTES-VOUS ?

Bilan de l'esprit

Depuis combien de temps ne vous êtes-vous pas retrouvé seul avec vous-même sans vous plonger immédiatement dans des distractions ? Où en sont vos rêves d'enfants ? Vos projets de vie ? Vos désirs et envies ? Êtes-vous fier de vous-même ? Je ne parle pas de narcissisme : on peut s'aimer et être content de soi sans pour autant se vouer un culte.

Vous sentez-vous cohérent avec vous-même dans votre vie ? Dans vos choix personnels et professionnels ? Dans votre mode de vie et le lieu où vous vivez ? Votre existence vous convient-elle ? Êtes-vous à l'écoute de cette petite voix qui résonne au fond de vous ? Si ce n'est pas le cas, vous êtes-vous résigné ? Avez-vous baissé les bras ou lâché prise sur un certain nombre de choses ? Occulté en vous un ou plusieurs aspects de votre quotidien ? Vous sentez-vous réveillé ? Alerte ? L'esprit vif ? Ou bien avez-vous au contraire le sentiment de vous mentir en permanence ? D'être déphasé ? D'attendre que les jours, les mois et les années passent, en étant davantage le spectateur que l'architecte de votre propre vie ? Avez-vous le sentiment de « tenir les rênes » de votre existence ?

Bilan du corps

Vous sentez-vous en forme ? En bonne santé ? Êtes-vous satisfait de votre condition physique ? Êtes-vous complexé ? Votre état vous permet-il de vous déplacer normalement ? De faire face à des situations concrètes et communes de la vie de tous les jours sans difficulté ? Votre corps vous fait-il souffrir ? Se régénère-t-il bien ? Le sentez-vous comme une machine complexe dont les rouages fonctionneraient correctement ou au contraire avez-vous l'impression que les mécanismes sont rouillés ? Prenez quelques instants pour y réfléchir.

COMMENT FAIRE VOTRE BILAN ?

L'important, quand on fait le bilan, est d'être objectif et détaché, de s'analyser à froid, sans jugement. Quand je rencontre des personnes qui ne savent plus trop où elles en sont, qui veulent entreprendre quelque chose de grand ou d'important dans leur vie sans trouver la force et le temps de se lancer, je les invite à prendre 2 ou 3 jours seules. Choisissez un lieu calme, que vous ne connaissez pas, et dans lequel vous ne serez pas dérangé, pour vous retrouver face à vous-même, lâcher prise, abandonner votre orgueil, votre fierté, vos mensonges et vos refuges habituels.

C'est une parenthèse à s'octroyer pour s'écouter et faire le point sur soi et sur ses envies : ce que l'on veut, ce que l'on ne veut plus, qui l'on est, qui l'on veut rester ou qui l'on veut être. Mettre tout ça sur papier vous permettra de vous voir de façon objective, et peu importe ce que vous découvrirez de vous-même : vous aurez fait le premier grand pas pour vous mettre au travail. Si vous ne vous donnez pas les moyens de prendre ce temps, vous n'irez pas au bout de vos recherches. Ne demandez pas conseil à vos proches ou à vos amis, suivez votre instinct. Vous, et rien que vous.

J'ai fait plusieurs fois cette expérience en allant camper seul dans un coin de nature. J'avoue avoir un faible pour les lacs de montagne des Pyrénées ou d'Auvergne... Ces lieux sont riches en énergies et intemporels. Marcher dans ses pensées, veiller seul le soir au coin d'un feu de camp, s'endormir en plein air, n'être dérangé que par le bruit des oiseaux, de la pluie, du vent, des éléments... Cela peut paraître cliché, mais c'est une belle façon de faire le point. D'autres préféreront la mer, faire un road trip, ou découvrir des cultures inconnues. Écoutez-vous et vous saurez.

Une fois là-bas, commencez par éteindre votre téléphone, désintoxiquez-vous de la pollution extérieure. Beaucoup de gens ont peur de se retrouver seul avec eux-mêmes, peur d'écouter leur voix intérieure, et se trouvent des excuses pour mieux se fuir.

Prenez le temps de vous ennuyer, de vous demander ce que vous faites là. Certains se sentiront vite bien, d'autres seront paniqués et angoissés, se raccrocheront à ce qui les lie avec le monde, seront tentés de consulter leur téléphone éteint dans leur poche. Vous avez le droit de dire à votre entourage que vous partez quelques jours pour prendre du temps pour vous et que vous ne serez pas joignable ! Comment faisait-on avant ?

Petit à petit, vous allez rentrer en communication avec vous. Cela peut être difficile et violent si vous ne l'avez pas souvent fait. Il est tellement plus facile de sombrer dans la routine en ne pensant qu'à des questions de surface. Déroulez votre vie, soyez honnête, vous êtes seul après tout. Vous savez bien d'où vous viennent certains blocages, certaines blessures. Il est temps à présent de s'y replonger, de percer les abcès. Notre façon de nous mentir à nous-même et d'occulter des aspects entiers de notre vie me fait penser à des œillères de chevaux : celles-ci les empêchent de voir en arrière et sur les côtés, et cela les rassure. Beaucoup de gens font pareil et s'y habituent tellement qu'ils les oublient, se voilant ainsi une large partie d'eux-mêmes et du monde.

Après la tempête intérieure que vous avez volontairement provoquée, laissez décanter vos idées. N'hésitez pas à noter tout ce qui vous vient à l'esprit. Petit à petit, listez les choses que vous voulez et celles que vous ne voulez plus.

Établissez un ordre logique et cohérent de ce que vous voulez changer, améliorer, ou entreprendre avec vous-même. Dégagez de vos notes quelques phrases, qui vous donneront dans les grandes lignes la ou les directions à suivre. Ne repoussez plus les choses au lendemain : prenez des engagements avec vous-même.

FAIRE FACE À SES CONTRADICTIONS

Entre le vouloir et la mise en application, on se heurte souvent aux murs de ses propres contradictions : « Je sais que ceci ou cela est mauvais pour mon corps et ma santé, mais je le fais quand même. » Tâchons d'éclaircir un peu cette contradiction entre le « moi » profond et le « moi » au présent...

Le dialogue intérieur avec soi-même est important. Quand on ne converse pas avec son moi profond, celui-ci se manifeste. On peut alors être tenté de le faire « taire » avec tous les moyens possibles : verrous des pensées, médicaments, drogues, alcools, addictions... Ce n'est bien sûr pas la cause de tous les maux, mais certainement d'une bonne partie d'entre eux.

Mon métier est généralement source de questionnements et quand à mon tour je m'intéresse à mes interlocuteurs, je constate souvent qu'ils rechignent à parler d'eux-mêmes en profondeur, esquivant le sujet à l'aide de phrases comme « oh... moi, tu sais, je ne préfère pas trop penser à tout cela » ou bien « c'est trop tard, j'ai 40 ans tu sais... ». Un peu comme si le fil de leurs pensées était une énorme pelote de laine pleine de nœuds et qu'ils avaient depuis longtemps abandonné l'espoir d'y démêler quoi que ce soit...

Devant le travail à accomplir, il est plus facile de nier en bloc, de laisser ça tel quel, et de tout mettre « au grenier » en se réservant le rangement pour un jour lointain... Et pourtant, si on souhaite avancer, il va forcément falloir passer par là !

Le corps et l'esprit sont étroitement liés. Ces nœuds intellectuels, composés de déceptions, de complexes, de blessures d'enfance, déforment souvent nos corps, nous rendent raide, voûté, malade, tendu, sans parler des problèmes de peaux ou d'intestins. Bien sûr, tous les maux ne sont pas psychosomatiques, mais une grande partie le sont indubitablement : à force de ne pas être écouté, le corps finit par se mettre en « grève ».

La société participe beaucoup à la formation de ces « nœuds ». Ainsi, des personnes en surpoids peuvent ne pas s'autoriser à changer car on leur renvoie constamment une image négative d'elles-mêmes. Il m'est déjà arrivé de passer du temps à expliquer à quelqu'un en surpoids qu'il avait le droit de reprendre le contrôle et qu'il est tout à fait possible d'être enrobé mais en forme et avec un corps dynamique.

Depuis mon plus jeune âge jusqu'à ma majorité, j'ai mis des heures à trouver le sommeil. Je ne m'endormais jamais avant une ou deux heures du matin alors que le réveil sonnait à 6 h 10. Mes parents ont toujours refusé – et je les en remercie infiniment – de mettre une télé dans ma chambre. Je lisais ou dessinais tard puis, quand l'heure était venue de prétexter dormir, j'attendais les yeux ouverts dans mon lit… et me perdais dans mes pensées. Je repassais l'ensemble de ma journée dans ma tête, ce que j'avais fait de bien ou de mal, ce que je voulais faire dans ma vie, etc. J'essayais de comprendre le monde et son fonctionnement, de dénouer mes nœuds et de faire du rangement dans mon grenier pour que mes fils convergent le plus possible dans le même sens.

J'ai décidé, extrêmement jeune, de ne pas devenir mon propre ennemi, d'être de bonne compagnie avec moi-même et, une fois adulte, de ne jamais décevoir l'enfant que j'étais, car je savais que la vie d'adulte peut nous faire dévier de notre chemin. Je me suis donc fait un ensemble de promesses que j'ai à ce jour toutes tenues et respectées.

Je crois que les contradictions sont inscrites dans la nature humaine. Peut-être faut-il en partie l'accepter. On en parle trop peu à mon sens, mais il y a, bien ancré dans l'inconscient collectif, cette croyance que l'on ne peut pas bien faire plusieurs choses à la fois. Comme si cette polyvalence même était une contradiction !

Pourtant, il est tout à fait possible d'avoir plusieurs cordes à son arc sans que cette polyvalence amenuise l'ensemble. On aime ranger les gens dans des cases. Sitôt que quelqu'un se débrouille bien dans plusieurs domaines, cela gêne. À l'école, on nous force à faire un choix entre la filière littéraire et la filière scientifique : pas les deux. Si on est « intello » on n'est pas manuel, et si on est habile de ses mains on ne peut pas être « intello »... Comme si l'un devait forcément exclure l'autre !

Les gens sportifs se prennent souvent de petites réflexions de la part des dits « intellos », avec cette fâcheuse tendance à penser que l'on est soit l'un, soit l'autre. On essaye de se rassurer en rabaissant l'autre, plutôt que d'admettre que l'on peut équilibrer le corps et l'esprit, mais que cela demande du travail. Il n'y a aucune raison que l'intellect prenne l'ascendant sur le physique : les deux se complètent merveilleusement bien.

ÊTRE COHÉRENT AVEC SOI-MÊME

Être en accord avec ce que l'on dit et ce que l'on fait.

Les enfants n'aiment pas les promesses en l'air. Ils ne comprennent pas qu'un adulte puisse leur dire une chose et ne pas tenir sa promesse. Il est important d'être cohérent avec ses pensées, ses dires et ses actes. Souvent, on a tendance à dire ce que l'on aimerait faire, puis on s'oublie un peu en chemin.

Récemment, j'ai repris un ami à table qui me parlait depuis 10 minutes de sa volonté de changer et de se reprendre en main, en commençant par faire attention à ce qu'il mangeait. Arrivé au dessert, ses yeux se sont mis à pétiller et je l'ai vu s'enfiler trois pâtisseries comme un enfant. Il est facile de parler de ce que l'on aimerait faire, mais beaucoup plus difficile de trouver la volonté pour le mettre en application.

On me demande souvent de concocter des programmes d'entraînement, car les gens s'imaginent que cela va les aider à s'y mettre et à s'y tenir. Lors d'un tournage dans le désert de Liwa, où l'ensemble de l'équipe restait sur place, le réalisateur, le producteur et l'un des acteurs principaux m'ont sollicité pour que l'on s'entraîne ensemble tous les jours car ils voulaient profiter de cet isolement pour reprendre de bonnes habitudes. J'ai tenté de modérer leur élan en commençant modestement le premier jour, pour aller crescendo par la suite, mais ils ont absolument voulu y aller à fond malgré mes mises en garde. Le lendemain, ils se sont tous réveillés courbaturés et n'ont cessé ensuite de repousser l'entraînement.

Se lancer tête baissée est louable, mais l'engouement risque ne pas durer longtemps. Saviez-vous que la plupart des gens qui achètent des appareils de musculation ne les utilisent que quelques semaines, et finissent par les remiser au fond du garage comme séchoir à linge ?

Commencez modestement, mais misez sur la régularité. Inutile de vous dire « Demain j'arrête toutes mes mauvaises habitudes d'un coup, je vais enfin bien manger et faire du sport comme un forcené ». Établissez plutôt un programme raisonnable par rapport à votre force de volonté, car si vous échouez, vous risquez de faire machine arrière et parfois de façon encore pire.

Mon professeur de Judo nous parlait souvent de la régularité et de la constance avec ces mots : « Deux sources proches l'une de l'autre laissent perler une goutte d'eau. La première tombe de manière irrégulière sur le rocher, laissant celui-ci intacte, sans trace. L'autre tombe à un rythme régulier, peu importe le temps et les saisons. Année après année, un trou se forme dans la roche à l'aplomb de la goutte, irrémédiablement. »

Ne vous dites pas que vous allez former un trou béant dans la roche si vous savez pertinemment que le débit de votre « rivière » ne vous le permet pas. Mieux vaut se concentrer sur le débit de sa volonté, la canaliser, comprendre les fissures qui laissent échapper l'essentiel du courant. La cohérence vient d'abord de l'intérieur avant de porter ses fruits à l'extérieur.

ARRÊTER DE FAIRE L'AUTRUCHE

Il n'est jamais trop tard pour aller mieux !

« Oui, je veux vraiment m'y mettre, mais... » On a tous les meilleures excuses du monde : je n'ai pas le temps, pas la motivation nécessaire, il est trop tard, je suis trop vieux, j'ai déjà trop de problèmes de santé, je n'ai pas la place chez moi, je dois m'occuper de mes enfants, je suis trop fatigué, je suis flemmard...

Si vous désirez changer une ou plusieurs choses en vous, il va falloir arrêter de repousser à plus tard. Le jour où un médecin vous diagnostiquera un souci de santé qui vous obligera à faire particulièrement attention à votre corps, toutes les excuses que vous vous êtes trouvées jusqu'alors ne serviront plus à rien : vous serez face à vous-même. Alors n'attendez plus, ou bien fixez-vous un délai pour commencer. Quand on avance, on fait aussi bénéficier ses proches et ceux qui nous côtoient.

BOUGER POUR FAIRE LE PLEIN D'ÉNERGIE

Moins on en fait, plus on est fatigué, et vice-versa...

Les causes de la fatigue sont souvent liées au manque d'activité physique et à une surconsommation d'aliments « vides », c'est-à-dire à la fois bourratifs et très pauvres au niveau nutritionnel. L'inertie du quotidien joue aussi beaucoup : plus vous restez à ne rien faire et plus vous serez fatigué. Bien que cela puisse paraître contradictoire, mettre le corps en mouvement et avoir une activité physique donne de l'énergie.

Nous nous fatiguons à ne pas dépenser notre énergie. Cela peut même créer des douleurs et des tensions, car nous sommes faits pour marcher, trottiner, sauter, rêver, penser librement, jouer, se rouler par terre... Ces mécanismes-là génèrent encore plus d'énergie, et le corps réclame rapidement de se dépenser si vous n'évacuez pas. C'est un cercle vertueux qui donne la « gnac » pour affronter la vie.

PRENDRE LE TEMPS DE PRENDRE LE TEMPS

Apprendre à ancrer de petites choses, en faire des habitudes, des rituels, au même titre que le café du matin…

Le rythme du quotidien nous empêche trop souvent d'apprécier les choses simples et gratuites. On ne s'autorise pas assez souvent à prendre le temps nécessaire pour bien faire les choses parce qu'il faut aller vite, toujours plus vite. Il faut tout faire rentrer dans sa journée, être rentable, avec en toile de fond cet adage capitaliste : le temps, c'est de l'argent…

On peut subir cette triste « vérité » imposée par le monde « moderne » ou bien choisir de vivre plus correctement, sans courir après le temps, mais en décidant de s'en octroyer quand on en ressent le besoin. Il faut savoir dire non et décaler son emploi du temps pour souffler un peu.

Il y a quelques années, j'ai perdu un ami Belge cascadeur. Je l'ai peu connu, mais en quelques mois nous avions noué une belle relation d'amitié autour d'un projet de spectacle ambitieux. Son départ nous a énormément attristés, et pour lui rendre hommage, nous avons décidé de reprendre une partie de son organisation que nous admirions beaucoup. Il gérait 8 sociétés en même temps, employant près de 80 personnes dans des lieux différents, et ne semblait pourtant jamais pressé ou en difficulté face à l'articulation de toutes ces tâches complexes. Il avait toujours le temps de prendre des nouvelles de ses amis et une petite phrase attentionnée pour chacun.

Je lui ai un jour demandé quel était son secret pour réussir à tout gérer aussi bien. Il m'a répondu qu'il avait dû faire des choix et adopter une organisation assez personnelle, à laquelle les gens avec qui il travaillait s'étaient habitués. La matinée était consacrée aux e-mails, aux appels téléphoniques et à l'ensemble des démarches administratives. À midi, il coupait son téléphone jusqu'en fin d'après-midi et destinait ce temps aux problèmes plus manuels ou qui demandaient sa présence sur place. En fin de journée, il re-

prenait les appels si nécessaire ou appelait ses proches. Et le soir, il profitait de sa compagne au calme chez lui.

Il ne se laissait jamais contaminer par le stress. Quand il recevait des demandes urgentes le vendredi, il disait souvent que les personnes auraient dû s'y prendre plus tôt et que le dossier attendrait le lundi matin... Ainsi, il profitait vraiment de ses week-ends.

N'hésitez pas à prendre le temps de bien faire les choses, les unes après les autres, sans vous éparpiller, et n'oubliez pas de vous accorder de petits moments précieux à vos yeux dans la journée.

Ainsi, quand je rentre le soir, il m'arrive souvent d'improviser un arrêt de 10 minutes au bord de la route pour profiter du coucher de soleil. Ce serait dommage de s'en priver, non ? Quand le soleil disparaît, je reprends ma route avec le sentiment d'avoir mieux profité de ma journée, de ne pas être passé à côté des choses essentielles. Souvent, le plaisir, la magie et la poésie se révèlent là où on prend le temps d'y poser les yeux et d'y prêter attention.

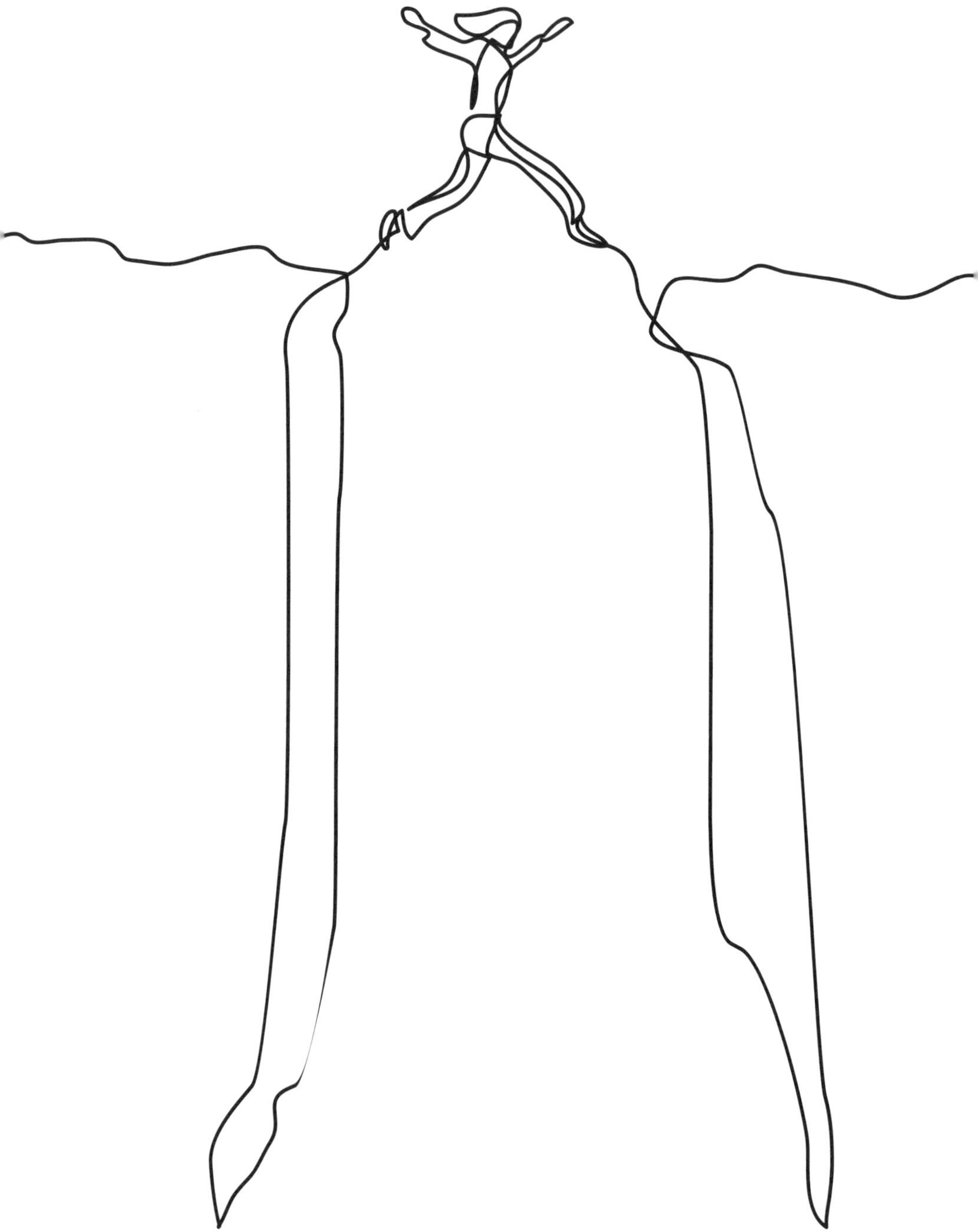

CHASSER LA PEUR

On avance dans la vie avec les limites qu'on s'autorise à repousser...

La plupart des gens vivent dans la peur, la crainte et l'angoisse permanentes. La peur de perdre son emploi, d'être malade, de se retrouver dans le besoin, la peur du lendemain, d'être seul avec soi-même, de ne pas savoir quoi faire de son existence...

En discutant avec d'autres personnes qui vivent de leur passion (peinture, musique, cinéma, danse, sports extrêmes, etc.), nous avons remarqué qu'on était souvent confrontés aux trois mêmes réactions quand on explique ce que l'on fait dans la vie. Il y a les gens qui, un peu admiratifs, saluent l'effort et sont curieux d'en savoir plus ; ceux qui posent plein de questions sans se rendre comptent qu'ils projettent sur nous leurs propres peurs et angoisses : peindre c'est bien, mais c'est quoi ton vrai métier ? Cascadeur ? Mais jusqu'à quel âge pourras-tu sauter ? Tu dois être blessé de partout, non ? Et la sécurité de l'emploi ? Ça ne te fait pas peur de ne pas savoir ce que tu feras demain ? Tu te vois toujours danser à 60 ans ? Et enfin, il y a ceux qui préfèrent ne pas en parler car cela les confronterait à leurs propres rêves qu'ils ont préféré laisser de côté pour faire des choix dits « raisonnables ».

Il est difficile de regarder le monde sans être influencé par le voile de ses propres angoisses. Ceux qui se veulent des meilleurs conseils sont souvent ceux qui, sans le vouloir, font le plus de torts. Si j'avais écouté mes amis et ma famille, je n'aurais jamais vécu de mes passions et accompli mes rêves. En tant que parents, on veut des choix « raisonnables » pour ses enfants, des choix qui les mettront à l'abri du « besoin », mais les choix « raisonnables » ne sont pas toujours ceux qui rendront le plus heureux.

Au-delà même de la question du choix de vie, les peurs et les angoisses enfouies constituent un obstacle quotidien et empêchent souvent d'avancer. Posez-vous la question : qu'est ce qui vous a empêché de vous accomplir dans tel ou tel domaine ? De passer le cap avec telle personne ? De vous inscrire à ce sport dit dangereux ? De demander une augmentation à votre chef ? De monter votre propre entreprise ? D'accepter cette mutation à 300 km...

Imaginez un sauteur en longueur capable de sauter cinq mètres mais qui n'en sauterait qu'un de peur de se briser les jambes, d'être jugé, de tomber la bouche la première et de manger du sable... Toutes nos peurs nous empêchent de découvrir nos limites, notre potentiel, et de nous épanouir pleinement. Je pense que nous pouvons tous sauter ces cinq mètres pour peu que nous nous l'autorisions ! La peur est une camisole de force invisible.

Toutes les fois où je surpasse ma peur, je sais que derrière m'attend un immense bien-être. La peur peut s'évacuer, se dompter, se maîtriser...

Avant chaque cascade, nous étudions le terrain pour anticiper toutes les difficultés. Nous avons beau y aller progressivement, il y a toujours un moment où il faut se lancer, et malgré toutes les précautions que nous prenons, nous n'avons aucune garantie du bon déroulé des opérations.

La peur est toujours là, et heureusement d'ailleurs car elle empêche de faire n'importe quoi. Après avoir pris le temps d'écouter ses ressentis, son instinct, d'envisager tous les facteurs qui peuvent nous faire échouer, vient le moment où il faut y aller pour la première fois, dompter sa peur, la gérer. Lorsque je fais une cascade où je dois tomber de plusieurs mètres, j'essaye de modifier ma perception de la réalité pour que cette chute (avec bien sûr toutes les mesures de sécurité prises) devienne finalement le choix le plus raisonnable ! Je déconnecte, et dompte ainsi ma peur l'instant de la cascade afin de pouvoir lâcher prise et la réaliser comme convenu.

On avance dans la vie avec les limites qu'on s'autorise à dépasser. Nous nous plaignons souvent, mais au fond sommes-nous vraiment convaincu, par exemple, de mériter ce poste plus élevé ? D'en être à la hauteur ? Comment voulez-vous que votre chef de service vous imagine à un poste à hautes responsabilités si vous-même, au fond de vous, pensez ne pas le mériter ? Penchez-vous sur ce qui vous frustre et vous empêche de vous épanouir, d'avancer. Très souvent, la cause profonde est la peur... Faites-vous confiance, libérez-vous de vos angoisses, n'écoutez pas trop les conseils des autres qui sont souvent empreints d'infaisabilité, et libérez votre potentiel.

On me contacte régulièrement pour intervenir auprès de jeunes publics autour de mon métier de cascadeur. J'aime commencer par expliquer aux enfants que les diplômes et la pression scolaire et sociale ne doivent pas leur faire peur : l'essentiel est de s'accomplir dans les métiers qui les rendent heureux. Dans la vie, être débrouillard peut équivaloir à un bac +10 avec promesse d'embauche. Il est important de se faire confiance dans ses choix de vocation.

Enfant, je me suis fait la promesse de ne jamais travailler de ma vie, sauf si c'était pour vivre de mes passions. Comme ça, j'étais sûr d'avoir toujours envie de bondir du lit chaque matin, et de ne pas avoir peur.

On n'arrête pas quelqu'un de déterminé,
qui procède avec cœur et intelligence.

Renforcez le pouvoir de votre volonté

La volonté est une force invisible qui peut raser les montagnes. Si une personne se met en mouvement et déploie sa volonté, elle sera comme un rouleau compresseur que rien ne pourra arrêter. Peu importent les difficultés qu'elle rencontrera. Pensez à la détermination de celle qui va monter un orphelinat à l'autre bout du monde, sa conviction est si grande qu'elle parviendra à améliorer la vie de centaines de personnes. Il en est de même pour celui qui, alors qu'il n'a ni bras ni jambes, gravit les plus hautes montagnes en rampant, ou pour celui qui passe 20 ans à creuser un passage dans la roche, à la force de ses bras, pour réduire de 70 km la route qui relie son village à la ville la plus proche. Des milliers d'exemples admirables et inspirants nous ouvrent le chemin. Vous aussi avez ce potentiel en vous, cette force infinie. Encore faut-il savoir la déclencher, la canaliser, et la faire grandir jusqu'à ce qu'elle s'impose comme une évidence.

IL N'Y A PAS D'ÂGE POUR CHANGER

L'apprentissage n'est pas l'apanage de la jeunesse.

Le corps et l'esprit sont étonnants. Quel que soit son âge, on peut les modeler par le travail et la volonté. On me demande souvent des conseils pour se mettre au sport, devenir plus souple, aller mieux ou se débarrasser d'un complexe. Mais bien souvent, ces personnes terminent leur explication par un « mais de toute façon c'est trop tard à mon âge… ». Pourtant, il n'est jamais trop tard pour aller vers le mieux, se bonifier et apprendre. Peu importent votre âge et votre condition physique, si vous voulez profondément changer, en étant rigoureux et constant, vous changerez. Bien sûr, je ne vais pas promettre à une personne de 50 ans qui n'a jamais fait de sport qu'elle pourra devenir sportive de haut niveau. Mais elle sera certainement plus en forme, athlétique et épanouie.

Un élève d'un groupe à qui je donnais quelques cours de développement personnel vint me voir un jour pour me demander des conseils car il souhaitait travailler sa souplesse. J'avais en effet remarqué, en le voyant la première fois, qu'il était raide comme un piquet. Intimement persuadé qu'il était trop tard, à 40 ans, pour pouvoir changer quoi que ce soit, il écoutait mes recommandations sans grand espoir. Je terminai en lui disant : « Tu sais, être souple, ça n'est pas qu'avec le corps, c'est aussi dans la tête, c'est aussi penser souple. » J'ai alors vu ses yeux pétiller, comme si un déclic s'était opéré en lui. Sa raideur ne venait pas que de son corps ; lui-même était « raide » de l'intérieur. Je lui conseillais quelques petits exercices à faire quotidiennement, en lui précisant bien que la balle était dans son camp et que tout dépendait de la force de sa volonté. Trois mois plus tard, je le revoyais à une formation autour des arts scéniques au sein de l'entreprise. Dès le premier coup d'œil, je fus frappé de constater qu'il ne se déplaçait plus du tout de la même façon. J'avais en face de moi quelqu'un

que je ne pouvais plus qualifier de « raide » : il était bien plus souple, avec un visage adoucit, et beaucoup plus de confiance en lui.

Rien n'est figé si vous avez la volonté de changer et de vous améliorer. Si vous faites des exercices appropriés pour de bonnes raisons, avec de la rigueur et de la constance, vous irez forcément vers le mieux.

PROJETER DES PENSÉES POSITIVES

Ne dites pas « je ne sais pas faire », mais « je ne sais pas encore faire ».

Nous sommes ce que nous pensons. Encore mieux : nous devenons ce vers quoi nous tendons à penser. Autrement dit, les pensées négatives attirent le négatif, et inversement. Quelqu'un qui se plaint sans cesse, brasse son mal-être et dégage une énergie négative, a peu de chances d'aller mieux. Au contraire, en positivant coûte que coûte et en se battant pour aller de l'avant, on se dirige vers des horizons plus propices.

Nos pensées émanent toujours de nous d'une manière ou d'une autre. Quand on broie du noir, qu'on est négatif et fermé de l'intérieur, cela se sent dans le regard et dans le visage, et naturellement les autres sont moins enclins à venir vers nous que si on respirait la joie de vivre et le bien-être.

En écrivant ce livre, je me suis demandé combien de personnes autour de moi semblaient être toujours rayonnantes, légères, apaisées... Hélas, pas plus d'une dizaine sur l'ensemble de mes connaissances. Pourquoi ? Tout simplement parce qu'elles accordent trop d'importance à ce qui va mal.

Prenons l'exemple de deux personnes qui vivraient le même début de journée, avec pour seule différence que l'une est très négative et l'autre très positive. La première se réveille en retard, n'a pas le temps de prendre son café et traîne sa mauvaise humeur toute la matinée, en essayant vainement de rattraper le temps. Elle s'énerve dans les bouchons, se prend une amende le midi pour avoir stationné en double file alors qu'elle faisait la queue pour s'acheter un sandwich à la boulangerie, et laisse finalement passer toute la journée sans avoir réussi à bien s'impliquer dans son travail. Une fois rentrée chez elle le soir, elle déverse toute sa rancœur sur son conjoint en lui racontant ses galères et des ragots de travail concernant des collègues qu'elle ne connaît même pas. Puis, pour ne penser à rien, ils regardent une émission de télé « légère » et vont se coucher rapidement.

La deuxième se réveille aussi en retard, mais n'accuse pas son réveil et ne partage pas sa mauvaise humeur au travail car ses collègues ne sont pas responsables de sa panne d'oreiller. Elle profite des bouchons pour appeler des amis ou penser à sa vie, et ne voit pas le temps passer. Elle prend 5 minutes de plus pour se garer derrière la boulangerie et ne se prend pas d'amende. Son après-midi au travail se passe calmement. De retour chez elle, elle évoque en riant avec son conjoint son réveil difficile et n'a que des anecdotes simples et plaisantes à raconter sur sa journée, ou des nouvelles des amis qu'elle a eus au téléphone. Ils cuisinent ensemble un bon petit repas en discutant et finissent la soirée sur un bon film.

Bien entendu, je caricature un peu, mais c'est comme si deux manteaux de pluie pouvaient se raconter leur promenade sous un orage. L'un, plus très étanche, se focaliserait sur l'enfer qu'il a vécu, goutte après goutte. L'autre, bien étanche, ne parlerait pas de la pluie, mais des paysages qu'il a vus.

On peut toujours choisir la façon dont on voit les choses et l'importance que l'on accorde à tout ce qui nous déplaît, pour devenir en partie imperméable aux mauvaises choses. On peut aussi anticiper le négatif en projetant des pensées positives. Par exemple, si vous doutez de vous avant un entretien d'embauche et pensez ne pas être à la hauteur face aux 80 autres postulants, vous aurez toutes les chances de rater votre entretien car vous ancrez en vous le sentiment profond d'échec et de non-faisabilité. Si au contraire vous concentrez vos pensées sur vos qualités, il n'y a aucune raison que vos chances soient moins bonnes que celles des autres. La bonne humeur vient en vous avec le sentiment profond, cette fois-ci, que tout est jouable. La façon dont vous allez penser prédispose ce qui va vous arriver.

ÊTRE BON AVEC SOI-MÊME

Savoir garder le cap de ses convictions.

On en parle assez peu, mais les personnes qui prennent soin d'elles, limitent les excès et respectent leur corps, reçoivent leur petit lot de réflexions et d'allusions pénibles, comme si le fait de faire attention à soi renvoyait les autres à leurs propres négligences. Il est tellement plus facile de se moquer que de se remettre en question...

Toute ma vie, j'ai reçu ce genre de réflexions. Et avec les années, j'ai appris à travailler ma répartie. Le plus ironique, c'est que les personnes qui se moquent sont les premières à venir ensuite en aparté me demander des conseils pour faire un peu plus attention à elles. J'ai fait un choix, dans ma vie, entre faire la fête et faire attention, et je n'ai pas du tout le sentiment de passer à côté de choses essentielles.

Être bon et vertueux avec soi-même, c'est se heurter aux contradictions des autres. Si, dans un groupe de 10 collègues, un seul ne fume pas, on va inconsciemment l'exclure, ou le faire gentiment passer pour un saint rabat-joie, plutôt que de considérer que c'est au reste du groupe de faire un effort. La masse l'emporte trop souvent sur la minorité, même quand c'est elle qui a raison. Il faut en général lutter pour conserver ses principes, ses idéaux et ses valeurs.

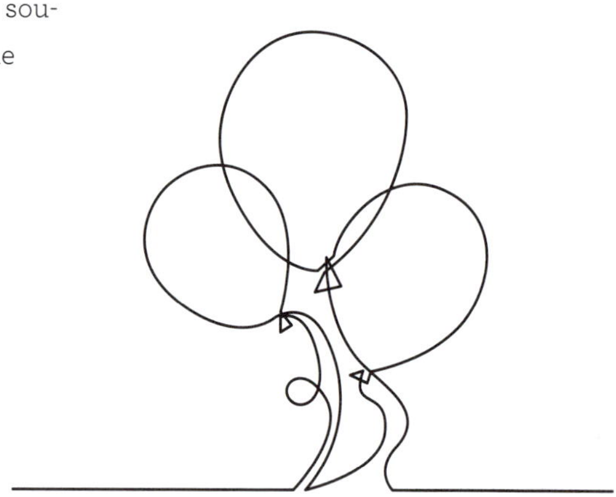

VEILLER SUR SOI, SE MATERNER

S'affranchir sans subir.

Enfant, nos parents veillaient sur nous et étaient là pour nous interdire tout ce qui était susceptible de ne pas être bon pour nous. Une fois adulte, libéré de tout cela, on a tendance à faire n'importe quoi sans même s'en rendre compte : passer des heures à jouer sur son smartphone ou sa tablette, passer une soirée complète devant des programmes télévisuels abrutissants, boire plus que de raison, manger des cochonneries, etc. Peut-être que votre partenaire ou votre entourage vous font réaliser ces petites choses et peut-être est-ce même un sujet de débat ou de dispute ? On se pense toujours assez grand pour gérer sa vie sans que les autres ne la jugent, alors qu'on a souvent besoin d'un bon coup de pied au derrière.

Personnellement, j'ai tendance à passer trop de temps sur mon téléphone ou sur mon ordinateur. Dans ces cas-là, je m'efforce d'avoir un regard critique et réaliste sur les agissements qui me nuisent ou qui me font perdre mon temps, et me soumets, sans rechigner, à l'autorité de la partie de mon cerveau « responsable ». Je passe donc à autre chose... jusqu'à la prochaine remontrance que je me ferai à moi-même !

Pareil pour le chocolat. Dans les périodes où je m'entraîne moins, je passe des accords avec moi-même pour me réguler : « Ok pour le chocolat, mais va faire un tour dehors ou une petite série d'exercices. » C'est une manière simple de ne pas se laisser trop aller, en acceptant de recevoir des conseils de soi-même et de se soumettre à sa propre autorité.

IL EST POSSIBLE DE CORRIGER SES DÉFAUTS

Il n'y a pas ou peu de fatalités.

Peu de temps après avoir commencé le théâtre, ma professeur Michèle Garay m'a fait remarquer que je marchais très mal et que ma voix était mal placée. Je marchais en effet les pieds en canard et les bras arqués, comme un cow-boy (c'est souvent le cas des personnes ayant beaucoup pratiqué de sports de combat), et ma voix était un peu nasillarde. Elle m'a ensuite rassuré en me disant cette phrase que j'utilise beaucoup depuis : « On a les défauts de ses qualités. » Ces défauts, qui n'en étaient pas réellement dans ma vie de tous les jours, prenaient le dessus sur scène, et il allait falloir que je m'en débarrasse si je voulais devenir comédien. Mais comment corriger des habitudes ancrées aussi profondément depuis l'enfance ?

Pendant deux mois, je me suis concentré sur chaque pas et chaque respiration. Dès que je marchais dans la rue, je me forçais à repositionner l'ensemble de mon corps, même si cela me semblait totalement contre-nature. Mes muscles, mes tendons, mon cerveau, étaient habitués à une foule de repères qu'il fallait briser et modifier pour reconstruire. Semaines après semaines, cette nouvelle façon de me tenir, de parler et d'articuler devenait de plus en plus normale, de plus en plus évidente, jusqu'à ce que je l'aie complètement intégrée comme une seconde nature, comme un arbre que l'on redresse avec un tuteur.

Les choses ne sont pas figées : on peut toujours travailler sur soi pour changer et s'améliorer, mais pour cela il faut commencer par prendre conscience de ses défauts. Enfant, j'étais souvent grognon au réveil, mais j'ai fini par accepter que c'était pénible pour les autres et je me suis forcé à changer. Il n'est pas nécessaire d'infliger des réalités pénibles aux autres et à soi-même, car il est possible de plier ces réalités par la simple force de sa volonté.

SE STIMULER AVEC DES RÉCOMPENSES

Consommer sans excès ni démesure.

J'aime à croire qu'une partie du plaisir et du bonheur est liée au désir. Quand on accède immédiatement à ce que l'on convoite, à ce que l'on souhaite, on est satisfait sur l'instant, mais ce sentiment ne dure pas. Il est bon de faire un peu traîner les choses pour prendre le temps de bien les savourer.

Souvenez-vous, enfant, de la manière dont vous gériez votre argent de poche. Vous pouviez tout de suite craquer pour des bonbons, et être frustré de ne plus rien avoir après, ou bien prendre le temps de bien réfléchir à ce que vous vouliez acquérir. Économiser deux-trois mois d'affilée permettait ainsi d'acheter un plus gros jouet. Et le jour venu, le plaisir était immense et se prolongeait dans le temps...

En cédant compulsivement à toutes nos envies, on se condamne à l'insatisfaction permanente. Acheter pour combler un vide ne sert à rien. Beaucoup de gens riches sont d'ailleurs malheureux, car l'essentiel ne s'achète pas, mais se distille !

En passant régulièrement de petits pactes avec vous-même pour lutter contre la fainéantise naturelle, vous faites de ce que vous convoitez une récompense à l'accomplissement d'autre chose. C'est une façon très efficace de vous pousser à réaliser les tâches que vous n'aimez pas faire ou que vous avez tendance à repousser au lendemain.

Vous avez envie d'aller vous promener mais vous avez de la paperasse super importante à faire ? Négociez avec vous-même : « Allez, je boucle tout en une heure et je vais profiter de la nature ensuite ! »

PRENDRE LE TEMPS DE PENSER

Marquer des temps d'arrêts dans le rythme effréné du quotidien.

Tous nos sens sont constamment ultra-sollicités, que ce soit par la publicité omniprésente et presque agressive, la télévision, Internet, le bruit de la rue, des moteurs, notre téléphone...

Toutes ces « distractions » ne laissent que peu de place à l'ennui et à l'attente. Observez autour de vous. La plupart d'entre nous, pour combler ne serait-ce que quelques secondes d'attente, se jettent sur leur téléphone. Nos mains et nos esprits ne sont pas (ou plus) habitués à ne rien faire, à ne pas se distraire. Et tout est bon pour combler la peur de l'ennui.

Pourtant, savoir s'ennuyer, ne rien faire, rester pensif, est essentiel. Essayez de prendre du temps, plusieurs fois par jour, en buvant votre café ou en attendant votre métro, pour être seul avec vous-même. Faire le point. Anticiper le reste de votre journée ou de votre semaine. Ou juste penser en regardant autour de vous.

Je suis persuadé qu'une des grandes causes du fameux « burn-out » dont on parle tant est étroitement liée à l'incapacité de s'ennuyer, de prendre du temps sans rien faire, de déconnecter. Nous nous laissons happer et distraire par la vie moderne et la technologie sans nous autoriser à souffler. Cette sur-sollicitation des sens est épuisante. Une fois notre journée de travail terminée, on continue à être sans cesse interrompu, parasité, par les notifications de notre téléphone, et on perd malgré nous le fil de nos pensées et de nos activités.

Même si on décide ne pas consulter nos e-mails chez nous, les notifications suffisent à mobiliser une petite partie de nos pensées, à nous maintenir dans un climat d'urgence, de tension, qui nous empêche de bien nous détendre, de lâcher prise et de profiter pleinement de notre temps libre. Les jours s'enchaînent avec le sentiment que la vie va à 200 à l'heure, et qu'on la subit plus qu'on en est l'acteur.

AMÉLIORER SON KARMA

Faire de la gentillesse et de la bienveillance une évidence, une gratuité.

Bien avant de découvrir le concept de karma, j'avais le pressentiment que faire du mal ne pouvait qu'attirer le mal et qu'inversement faire le bien créait de bonnes choses. Cela me semblait d'une logique imparable. Le karma est forcément plein de bon sens : on a toujours infiniment plus envie d'aider une personne bienveillante plutôt qu'un égoïste centré sur son intérêt avant celui des autres...

Agir de façon juste, aider son prochain, pardonner, être généreux... Tout cela procure du bien-être et contribue à semer des graines fertiles qui donneront de l'amour, de l'entraide, des sourires, plutôt que de récolter des regards noirs, du mépris, de la colère et des tempêtes.

Il ne faut bien sûr pas agir en calculant le bien que vous espérez récolter. Le karma est avant tout un état d'esprit : faire les choses gratuitement avec cœur et gentillesse, se satisfaire d'un sourire ou d'un petit merci, sans rien attendre de plus.

Quand il est tourmenté, l'esprit est brumeux.
S'activer dissipe les nuages et ce voile
qui nous empêchent de bien voir.

Mettez votre corps en mouvement

Quand on a un coup de blues, mieux vaut ne pas s'enfermer chez soi à ressasser son mal-être. Forcez-vous à sortir, à faire une petite marche pour vous aérer, respirer à pleins poumons, ou faire une activité physique. Il pleut ? Raison de plus. Se balader sous la pluie quand on est bien équipé peut être un vrai plaisir : on ne croise personne et la vie sauvage ne nous entend pas venir sous le bruit des gouttes.

Le corps est bien fait. Pendant l'effort, il produit de l'endorphine, l'hormone du bien-être, qui va sortir votre esprit du tourment. À votre retour, vos idées seront plus claires. L'effet de l'endorphine est comparable à un booster naturel qui joue un rôle d'antidépresseur et active le bonheur.

METTRE DU MOUVEMENT DANS SA VIE

Être dynamique dans son corps et dans sa tête.

Être en mouvement, ce n'est pas seulement bouger physiquement, c'est aussi une façon d'être, de penser, de vivre. Soyez toujours dans une bonne dynamique, ayez des projets, des envies, programmez des choses à court, moyen et long terme !

Les personnes qui font du « sur place » dans leurs vies, qui n'ont plus d'objectifs et de projets réels, sont un peu comme des poissons dans un aquarium dont on ne changerait pas l'eau : cela va un temps, mais l'eau finit par s'encrasser, entraînant forcément des complications. Mieux vaut être un poisson dans un courant : l'eau y est toujours fraîche, saine, nouvelle. Et même si on choisit de toujours rester dans la même zone, on se déplace, on est actif, on bouge…

BOUGER TOUT AU LONG DE LA JOURNÉE

Des exercices fractionnés tout au long de la journée suffisent à entretenir sa forme.

Il n'est jamais bon de se surentraîner, surtout si on ne pratique qu'une discipline. Sitôt qu'ils stoppent leur entraînement, les athlètes de haut niveau se découvrent souvent tout un tas de douleurs articulaires et musculaires, liées à la répétition de mêmes mouvements.

Le mieux est de s'entraîner intelligemment et de diversifier ses activités de manière à solliciter l'ensemble de son corps. Et pour cela, il n'est pas nécessaire de prendre un abonnement à la salle de gym. Vous pouvez tout à fait utiliser les situations du quotidien pour vous maintenir en forme. Commencez par prendre les escaliers au lieu de l'ascenseur. Avez-vous remarqué comment les gens ont tendance à se laisser porter quand ils prennent l'escalator ? Reprendre sa vie en main, c'est avant tout arrêter de se laisser porter... Alors toutes les occasions sont bonnes pour se mettre en mouvement : monter les marches 2 par 2 (ou même carrément 4 par 4), profiter d'une conversation téléphonique (avec oreillettes) pour faire des squats ou tenir la position de la chaise, décoller discrètement ses fessiers de quelques centimètres au-dessus de sa chaise quand on est au bureau pour faire travailler ses jambes et ses fessiers, marcher plutôt que de prendre le bus ou le métro, maximiser les trajets à vélo...

Là encore, c'est un état d'esprit à adopter : ne pas être partisan du moindre effort mais prendre conscience que plus vous êtes actif, plus vous le serez avec facilité et automatisme. Mieux encore, en adoptant cette façon de faire, c'est votre corps qui réclamera de bouger sans même que vous n'y pensiez.

PRENDRE L'HABITUDE DE S'ÉTIRER

Les étirements ne sont pas réservés aux sportifs. Il y a une différence entre s'étirer et s'assouplir !

Notre corps encaisse la vie, subit la gravité et nous supporte constamment, dans tout ce que cela implique aux niveaux physique et psychologique. Il garde en mémoire tous les traumatismes physiques et mentaux, se désaxe, se tord, craque, se raidit, chauffe et refroidit sans cesse... Il est donc juste et totalement normal de lui donner un peu d'attention quotidiennement. Rassurez-vous ! Pas beaucoup. Juste quelques minutes à des moments clés. Croyez-moi, cela suffit à faire la différence, et bientôt vous n'arriverez plus à comprendre comment vous avez pu vivre jusqu'ici sans lui prêter l'attention qu'il mérite. On n'a qu'un corps, et c'est pour la vie. Alors autant en prendre un peu soin.

Les bienfaits des étirements

- ✔ Se sentir mieux dès le réveil.
- ✔ Soulager ses douleurs.
- ✔ Se sentir plus libre de ses mouvements.
- ✔ Soulager les tensions physiques et psychologiques, et éviter qu'elles ne s'accumulent.
- ✔ Être en meilleure santé avec un corps qui fonctionne mieux.
- ✔ Rendre le corps plus disponible, plus endurant et plus résistant...

J'ai vraiment appris à m'étirer lorsque je suivais des cours du soir à l'école du cirque. Cela a complètement changé ma façon de me préparer et de récupérer après l'effort. S'étirer dès le matin permet de commencer sa journée dans de bonnes conditions au lieu d'accumuler les tensions et les douleurs des jours précédents. Sinon, c'est comme si vous continuiez d'écrire tous les jours sur le même tableau sans jamais prendre le temps de l'effacer.

Je remets régulièrement en place le dos et les articulations de mes proches, qu'il s'agisse de collègues ou d'amis. Un simple dos bloqué ou une nuque raide sont souvent dus à des tensions de l'esprit qui ont été absorbées par ce que l'on peut appeler des muscles « éponges » (notamment les muscles situés au niveau de la nuque, des trapèzes, du milieu et du bas du dos...) ou à une mauvaise posture.

J'ai travaillé en tant qu'assistant sur un film où, une fois n'est pas coutume, je devais gérer l'organisation et les plannings des cascadeurs. J'étais donc davantage dans les bureaux, et cela m'a permis de « tester » tout un tas de choses que j'avais imaginées pour améliorer la « vie de bureau ». Quand j'allais voir mes collègues, je ne pouvais m'empêcher de corriger leur posture car je souffrais à leur place rien qu'à les voir travailler. Leurs tensions étaient toutes en corrélation directe avec le rythme infernal qu'on leur demandait d'encaisser : des journées de 12 à 15 heures, des remaniements permanents d'organisation stressants...

Une partie d'entre eux avait d'ailleurs pris l'habitude de venir me voir pour que je leur remette le dos en place. Quand on masse les muscles et qu'on draine les tensions, c'est un peu comme si on ouvrait un livre. Je me suis ainsi permis de suggérer à une collègue qui ne pouvait voir son bébé que le week-end, qu'elle avait le droit d'être triste et d'exprimer à quel point la situation lui était difficile, sans se sentir coupable d'être loin. Tout ce qu'elle gardait pour elle s'amassait dans ses épaules, ses trapèzes et sa nuque. Après l'avoir déliée, elle a appelé son conjoint et s'est autorisée à pleurer un moment au téléphone. Elle m'a dit que cela lui avait fait le plus grand bien et qu'elle se sentait désormais beaucoup plus légère dans son corps et dans sa tête.

Quand on manipule quelqu'un, on peut rapidement identifier ses principales sources de tensions. Un point douloureux peut être dû à un problème au travail qui, tant qu'il ne sera pas résolu, continuera à coincer la circulation de l'énergie, engendrant à son tour d'autres tensions...

Les tensions sont souvent les résultantes de tous les boucliers que l'on a mis en place, des non-accords entre le soi de surface et le soi profond, des petits mensonges que l'on se fait à soi-même, de ses peines et de ses chagrins... En les libérant, on peut aussi débloquer le reste.

SÉANCE D'ÉTIREMENTS LE MATIN AU RÉVEIL

Pour sortir de la chrysalide des réveils difficiles.

Quand on se réveille, notre corps a tendance à être un peu raide, comme si l'ensemble des muscles et des tendons s'était durci pendant la nuit. Pour bien commencer la journée, j'ai pris pour habitude de m'étirer systématiquement, même brièvement, de préférence en extérieur ou devant une fenêtre pour profiter de l'air frais et du soleil du matin.

Commencez par respirer une première fois profondément en prenant votre temps, doucement, puis répétez au moins deux autres respirations profondes mais en accélérant un peu. Ensuite, tout en visualisant ce que vous avez à faire dans votre journée, étirez-vous quelques instants. 30 secondes c'est déjà bien ; 1 minute c'est encore mieux, 3 minutes c'est absolument génial ! Cela peut vous paraître contraignant si vous êtes pressé, mais je vous assure que c'est la garantie de faire le plein d'énergie et donc du temps gagné sur votre journée.

Voici des exemples de postures et d'étirements idéaux pour réveiller la tête et le corps en douceur. Cette formule, qui peut se faire en 1 minute 30, constitue une bonne base pour commencer. Mais rappelez-vous, le plus important est de s'écouter : votre corps vous fera sentir les positions qui vous font du bien et les endroits qui demandent le plus à être assouplis. Appropriez-vous ces exercices et adaptez-les en fonction de vos ressentis.

Conseil : inspirez en étirant et en contractant les muscles ; expirez en relâchant le corps et en décontractant.

1 Commencez par inspirer à fond en vous grandissant le plus possible tout en montant les épaules et les trapèzes, puis tendez les deux bras en l'air vers le ciel.

2 En expirant tout le contenu de vos poumons, baissez-vous complètement en position accroupie, les fesses au niveau des talons, les pieds bien à plat au sol, et étirez vos bras vers l'avant.

3 Baissez-vous à mi-hauteur, le buste basculé à angle droit, et regardez devant tout en inspirant.

4 Redressez-vous, le buste droit, les bras et les jambes ouverts en étoile, et étirez les bras dans l'axe de vos épaules en ouvrant complètement la poitrine.

5 Une main sur la hanche, l'autre tendue en l'air, pliez-vous d'un côté puis de l'autre tout en maintenant le corps droit, pour bien étirer les obliques.

6 Basculez vers l'avant en position de fente, une jambe devant et une derrière, le bassin bien de face. Gardez le tronc dans l'axe de votre centre de gravité, et équilibrez au besoin en posant les mains sur votre genou. Faites un côté puis l'autre.

7 Si vous avez encore un peu de temps, accroupissez-vous à nouveau, genoux écartés, et poussez-les à l'aide de vos coudes vers l'extérieur. Veillez à rester bien droit.

1
2
3
4
5
6
7

SÉANCE D'ÉTIREMENTS DANS LA JOURNÉE

Pour rester éveillé et alerte.

Si vous n'avez pas eu le temps de faire vos étirements au réveil, pas de souci, vous pouvez tout aussi bien les faire au boulot ! Beaucoup d'entreprises imposent d'ailleurs à leurs employés un échauffement collectif matinal, car cela augmente l'efficacité, et permet de prévenir les accidents, notamment dans le secteur du bâtiment.

Impossible d'être vraiment efficace quand on a le corps et l'esprit embrumés... Et après un long moment assis ou inactif, le corps a tendance à s'engourdir. Remarquez comme les chiens et les chats s'étirent et baillent systématiquement après avoir passé un moment immobiles. Alors n'hésitez pas à faire des étirements ou des exercices au bureau (voir page 12). Certes, vos collègues risquent de vous taquiner, mais en discutant un peu avec eux il sera facile de les convaincre d'en faire de même. On critique bien souvent ce que l'on n'ose pas faire ou que l'on ne sait pas faire, sans se remettre en question.

Notre mode de vie « à l'occidentale » est rempli de codes qui nous empêchent de faire ce qui est bon pour nous par peur du regard des autres. Soyez vous-même et les autres vous accepteront. Utilisez les objets qui vous entourent pour vous étirer, par exemple un simple balais, une chaise ou un bureau !

SÉANCE D'ÉTIREMENTS LE SOIR

Pour drainer ses tensions.

Quel dommage de se coucher sans avoir préalablement évacué les tensions de sa journée ! Pour éviter qu'elles ne s'accumulent jour après jour, prenez l'habitude de faire quelques étirements le soir, sur le tapis de votre salon ou carrément dans votre lit. C'est un petit moment privilégié à s'offrir, que vous pouvez accompagner d'une musique relaxante.

Commencez par essayer de repérer vos tensions et vos douleurs, leur origine, si elles sont liées aux activités de votre journée ou de votre semaine. Quand on comprend d'où vient un problème, on peut le résoudre plus facilement. Agissez donc en fonction des zones du corps que vous souhaitez traiter. Cet enchaînement prend environ 3 minutes si vous prenez le temps de bien respirer entre chaque mouvement.

1 À quatre pattes, inspirez doucement à fond tout en creusant le dos au maximum, puis arrondissez le dos comme un chat à mesure que vous expirez. Répétez ce mouvement autant de fois que nécessaire.

2 Mettez-vous ensuite sur le dos et basculez vos jambes par-dessus votre tête, tendues ou fléchies en fonction de vos besoins. Relâchez-vous.

3 Mettez-vous à genoux, les mains posées loin derrière vous, puis penchez-vous en arrière et, tout en inspirant, tentez de vous déployer pour étirer le dessus des cuisses. Vous pouvez terminer en vous allongeant sur vos jambes fléchies.

4 Basculez vers l'avant en tentant de garder les cuisses perpendiculaires au sol. Tout en respirant, étirez les épaules et le tronc.

5 Tout en gardant vos mains à la même place, redressez le buste pour étirer le bas du dos en inspirant. Attention à ne pas forcer pour ne pas brusquer les lombaires.

1

2

3

4

5

Bonus

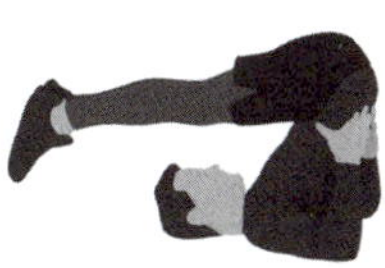

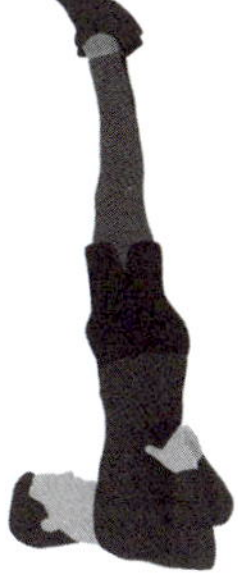

PENSER AUX MÉDECINES ALTERNATIVES

Chercher d'abord les solutions en soi.

C'est en se postant en haut d'une longue rue droite dans n'importe quelle ville que l'on mesure le malaise de la santé en Occident : les croix vertes des pharmacies se perdent au loin comme des décorations de Noël.

La plupart des remèdes naturels ont été laissés de côté durant le siècle dernier au profit des médicaments de l'industrie pharmaceutique, la société ayant préféré suivre aveuglément les bienfaits de la médecine dite moderne. Aujourd'hui, les médecines alternatives, l'automédication et les recettes de grands-mères connaissent un regain d'intérêt. On retrouve les gestes d'antan qui ont fait leurs preuves pendant des générations.

Je ne vais pas énumérer ici l'ensemble des plantes qui soignent et leurs utilisations, mais seulement celles que j'ai pris l'habitude d'utiliser et dont j'ai pu apprécier l'efficacité redoutable. Rappelons également que même la médecine la plus puissante ne pourra pas être pleinement efficace si vous ne souhaitez pas réellement guérir ou n'y croyez pas. Les expériences sur les effets placebo ont démontré que la volonté joue un rôle majeur dans la guérison et la prévention des maladies. Visualisez votre guérison, votre corps en pleine forme, envoyez vos pensées bienveillantes vers les zones concernées. Il est important de prêter attention à son corps et de s'en préoccuper pour stimuler ses défenses.

Ne vous précipitez donc pas sur un médicament au moindre mal de crâne ou chez le médecin dès que vous sentez un rhume arriver. Commencez toujours par essayer de comprendre les causes plutôt que de vouloir traiter immédiatement les symptômes, et tentez, quand c'est raisonnable, de vous soigner par vous-même.

Jus de citron pressé

Tous les matins, à jeun, buvez un demi-citron bio pressé dans un verre d'eau. En plus de l'apport en vitamine C, cela permet de réguler l'acidité de l'estomac et de stimuler la digestion et le transit intestinal. On remarque également un effet drainant et détoxifiant !

Tisane au thym, miel et citron

Dès que vous sentez un petit rhume ou un mal de gorge se pointer, faites-vous quelques tasses de tisane au thym dans laquelle vous ajoutez une cuillère de miel d'acacia et un peu de jus de citron frais.

Argile

J'ai toujours vu mon père utiliser de l'argile pour panser les infections, les entailles profondes ou les foulures des animaux de la ferme, celle-ci ayant pour avantage de tenir sur leur pelage et de s'enlever toute seule au bout de quelques jours. J'ai ensuite appris à l'utiliser sur moi (en poudre ou en tube, verte ou blanche) pour les problèmes de peaux, les hématomes, les infections, le mal de ventre, les blessures, les coupures, et même les ampoules !

Quand je pars plusieurs jours en randonnée, j'emporte toujours un peu d'argile en poudre dans un sachet hermétique. Les premiers jours, il est fréquent de se faire de belles ampoules. Dans ce cas, oubliez les pansements spéciaux qui coûtent cher. Il suffit de mélanger une cuillère d'argile en poudre avec un peu d'eau et d'en appliquer généreusement sur votre ampoule. Bandez ensuite votre pied avec ce que vous avez sous la main, remettez votre chaussette et dormez ainsi. Le lendemain au réveil, vous constaterez avec plaisir que l'argile aura absorbé le liquide de l'ampoule et recollé la peau, et vous pourrez repartir comme si de rien n'était !

J'ai eu la chance de ne jamais me faire de blessure grave, mais j'ai souvent souffert d'entorses aux chevilles, ce qui m'a laissé le loisir de comparer l'efficacité des traitements. Désormais, quand je me tords le pied, j'applique le plus rapidement possible un cataplasme d'argile d'au moins 1 cm d'épaisseur autour de l'endroit blessé. Je recouvre le tout de film alimentaire transparent, en veillant bien à ne pas comprimer la circulation sanguine, et laisse reposer quelques heures. En général, un seul cataplasme suffit à empêcher la cheville de gonfler. Si besoin, alternez avec des massages à l'huile d'arnica, des compresses ou des bains de pieds, des massages drainants... Vous pouvez aussi alterner le chaud et le froid pour provoquer des vassaux dilatations et vassaux constrictions, et évacuer le sang qui stagne dans l'hématome ainsi que les toxines.

La poudre d'argile est également très efficace pour calmer les brûlures d'estomac. Diluez alors simplement une cuillère dans un verre d'eau.

Huile d'arnica

En cas de coup ou de nœud musculaire enflé, massez-vous avec un peu d'huile d'arnica pour drainer la zone concernée jusqu'à ce qu'elle disparaisse au toucher. L'arnica pénètre sous la peau, aide à réparer les lésions, à assouplir les muscles et ligaments. Ne l'utilisez pas sur une plaie ouverte.

Baume du Tigre

Il possède de nombreuses vertus tout aussi intéressantes les unes que les autres. Pour ma part, je l'utilise pour me stimuler en cas de réveil difficile, mais il est aussi très efficace, appliqué sur les tempes, pour calmer le mal de tête. En cas de rhume, il décongestionne le nez lorsqu'il est posé sur la poitrine et la gorge. Enfin, lorsque vous souffrez de courbatures après un effort violent, un massage au baume permet de chauffer le muscle pour mieux drainer l'acide lactique.

Bouillotte

On l'ignore trop souvent, mais les bouillottes sont extraordinaires pour défaire les nœuds musculaires, les tensions et les contractures, détendre les nuques raides et se débarrasser de torticolis. J'ai découvert leurs vertus il y a des années, alors que je m'étais bloqué la nuque au cours d'une chute mal contrôlée sur un tournage à Istanbul. Ayant le cou d'un côté et la tête de travers de l'autre, j'étais persuadé de m'être déplacé des vertèbres. À ma grande surprise, le médecin me prescrit... une bouillotte ! Je me suis endormi sans trop y croire avec la bouillotte brûlante sous la nuque. À mon réveil, mon cou et ma tête étaient à nouveau d'aplomb ! Ce jour-là, les médecins Turcs m'ont donné une bonne leçon, et depuis la bouillotte fait partie de mon kit de soins.

EXERCICES POUR ÉQUILIBRER SON CORPS

Mêler harmonie, solidité et aplomb.

Les exercices en symétrie et le gainage sont une bonne manière de faire du sport et de renforcer ses muscles tout en se préservant. Alterner les exercices d'un côté puis de l'autre, et travailler dans l'axe en respectant les lignes du corps, permet d'équilibrer sa musculature, de maintenir une bonne tenue du corps et de ne pas abîmer vos muscles et vos articulations.

Voici 6 exercices de gainage qui n'abîment pas le corps. Pour débuter, commencez par 30 secondes dans chaque position et augmentez la durée de jour en jour sur une période de 15 jours.

1 Étirez les biceps des épaules en glissant vos fesses au niveau des talons. Inspirez en montant la poitrine et en tendant les bras.

2 En inspirant, étirez votre poitrine et vos abdominaux. En expirant, poussez les fesses vers le haut et passez en position **3** en tirant la tête vers l'intérieur pour étirer épaules et aisselles. Ce mouvement peut se faire avec des poignées pour pompes ou les mains à plat sur le sol.

4 Pour ce gainage classique des abdominaux, veillez à ne surtout pas creuser le bas du dos.

5 Ce mouvement de gainage reprend le même principe que le précédent, mais en faisant cette fois travailler les abdominaux latéraux. Pratiquez d'un côté puis de l'autre, sans plier le buste au niveau des reins.

6 Le gainage de la table permet de muscler le bassin et les fessiers tout en étirant les bras, les épaules et les poignets.

1

2

3

4

5

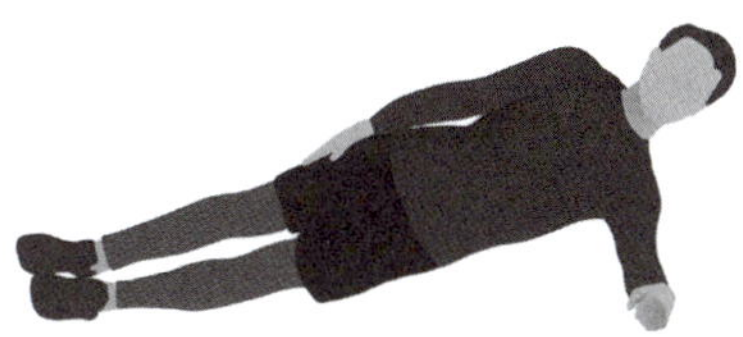

6

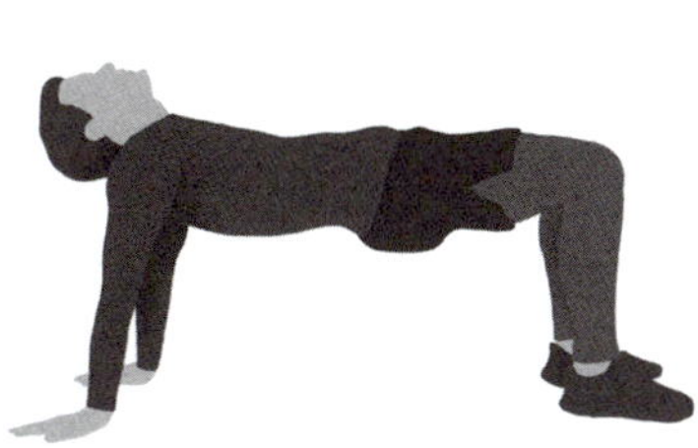

NE PAS SE PRÉCIPITER CHEZ L'OSTÉO OU LE KINÉ

Comprendre son corps et son anatomie.

La plupart de nos douleurs musculaires et articulaires proviennent de notre posture : nous nous tenons mal, faisons rarement les bons gestes quand il s'agit de porter un sac ou un objet lourd, travaillons des heures dans des positions asymétriques improbables, puis nous nous rendons chez notre kiné ou notre ostéo pour qu'il nous remette bien droit... Mais tant que nous ne prendrons pas conscience de notre posture et de la manière dont on traite notre corps, nous continuerons d'entretenir nos tensions et nos douleurs.

Quand j'ai commencé le métier de cascadeur, je ne savais pas bien m'échauffer ni m'étirer, et j'étais régulièrement bloqué au niveau du dos, de la nuque, des fessiers, des mollets... J'ai vite compris que si je n'apprenais pas moi-même à me remettre en place, je passerais ma vie chez le kiné.

Parmi les techniques que j'ai empruntées ici et là pour me prémunir des déséquilibres posturaux, les balles de tennis sont particulièrement efficaces. Une balle de tennis ne coûte rien, ne prend pas de place et peut véritablement faire des miracles. De plus, son diamètre est idéal et sa consistance, à la fois dur et souple, rappelle celle du poing fermé d'un masseur.

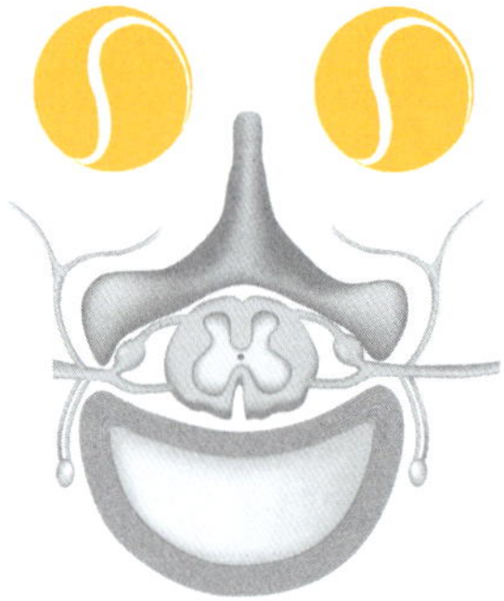

1 Allongez-vous sur le dos et amenez les pieds près des fessiers. Décollez votre bassin et placez les deux balles en bas du dos.

2 Relâchez votre poids doucement pour mettre les balles en compression, effectuez de petits cercles en les faisant remonter petit à petit le long de la colonne. Elles doivent rester de chaque côté de la colonne pour ne pas appuyer sur la pointe de la vertèbre. Ainsi, vous soulagez les muscles et remettez vos vertèbres dans le bon axe.

3 En vous appuyant sur vos pieds, faites glisser les balles le long du dos.

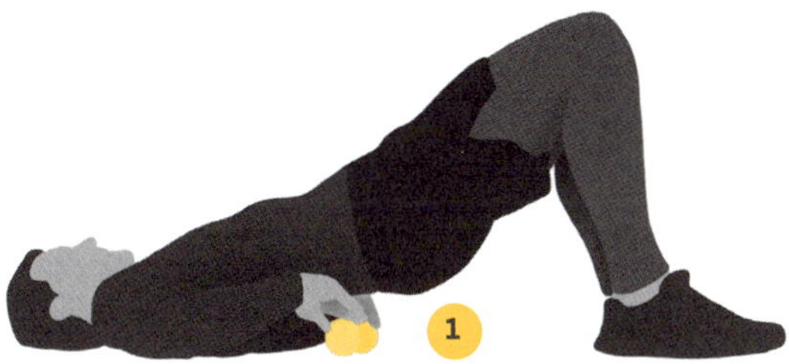

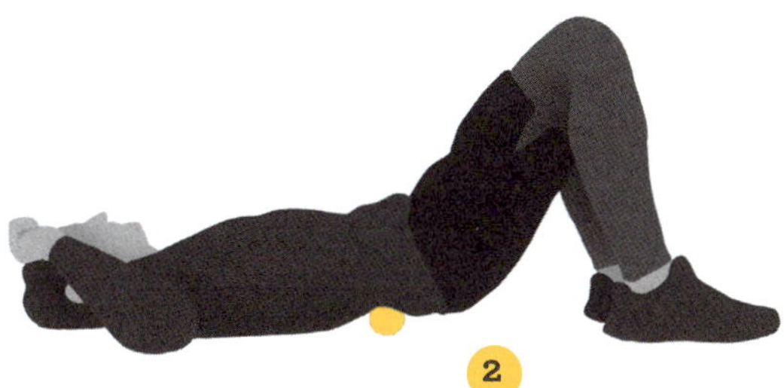

4 Placez maintenant une ou deux balles sous votre nuque, et massez en effectuant de petits cercles où vous sentez des tensions.

5 Massez le dessus et le dessous des cuisses, en position assise ou allongée, selon votre préférence.

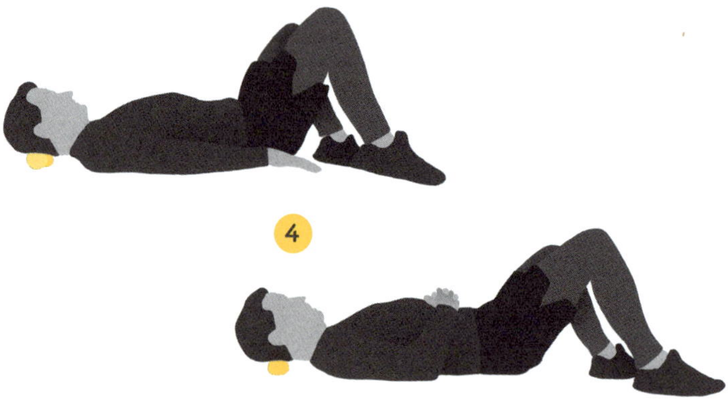

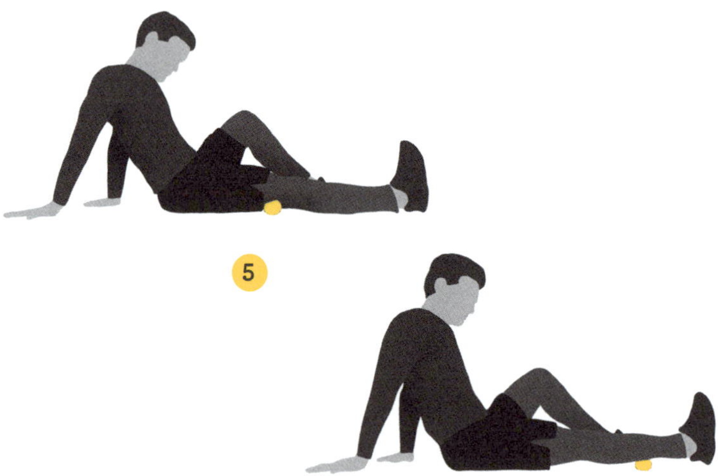

Il y a trois zones que l'on ne peut pas remettre avec les balles de tennis : les vertèbres cervicales (du haut des omoplates au bulbe rachidien), les vertèbres lombaires (celles du bas du dos au bassin) et le coccyx. Pour les deux premières, il existe des mouvements simples.

6 Vous réussirez facilement à faire gentiment craquer vos vertèbres cervicales en tirant votre tête comme si vous vouliez faire rentrer votre menton dans votre poitrine. (Si vous n'y parvenez pas, vous pouvez aussi vous suspendre à une barre de traction et tirer votre tête vers le bas.)

7 Allongez-vous sur le dos et, en essayant de garder les épaules et le dos collés au sol, amenez un genou du côté opposé pour lui faire toucher le sol. Vous allez alors sans doute entendre vos vertèbres lombaires se remettre en place.

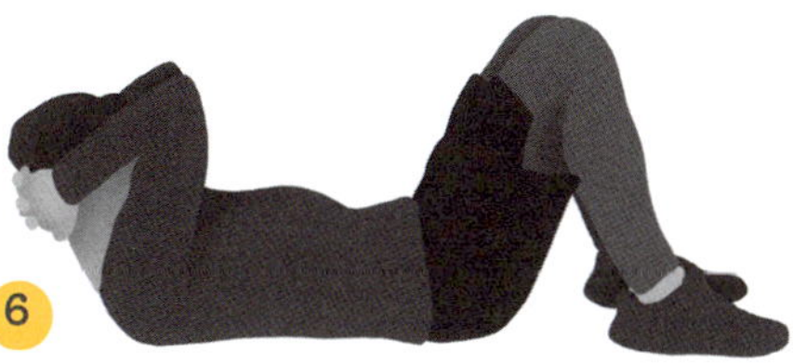
6

7

Détendre la voûte plantaire

Vous pouvez placer une balle sous chaque pied, en position assise sur une chaise, et ainsi masser la voûte plantaire. Vos pieds méritent bien un peu d'attention. Après tout, ils supportent la charge de votre corps toute la journée.

PORTER DES OBJETS LOURDS SANS SE FAIRE MAL

Force sans technique n'est que ruine du dos.

Une enfance à la campagne à travailler dans les champs avec mon père, une pratique poussée des techniques de Judo... J'ai appris très jeune à bien porter des objets lourds sans m'abîmer le dos. Il suffit pour cela de suivre une règle très simple : baissez-vous en pliant les jambes, tirez ou placez la charge au plus proche de vous, de préférence sur votre centre de gravité, au niveau du bas-ventre, et soulevez en poussant sur les jambes uniquement (le dos et les bras ne doivent que très peu intervenir). Ne portez pas à « faux », c'est-à-dire en étant désaxé, à bout de bras, en déséquilibre, car vous compenseriez, et les risques de vous bloquer ou de vous abîmer le dos seront importants.

1 Pour vous baisser et venir prendre quelque chose au sol (même un objet léger), pliez les jambes pour toujours garder le buste droit.

2 Quand vous portez quelque chose de lourd, maintenez-le plaqué contre vous, au niveau de votre estomac ou de votre poitrine.

3 **4** **5** Si vous portez plusieurs sacs, équilibrez les charges pour rester droit. Si vous fatiguez, changez de côté, mais surtout ne portez pas tout d'un seul côté **7**, vous vous abîmeriez le dos.

5 Pour soulever un objet, poussez sur vos jambes. Les bras et le dos accompagnent seulement le mouvement, mais ne doivent pas fournir d'effort, contrairement à la position **6** où le dos prend directement tout le poids.

8 Quand vous tirez quelque chose, vous aurez plus de force et de résistance en ramenant la pression sur votre centre de gravité. Pour cela, baissez-vous sur vos jambes et ancrez-vous dans le sol, contrairement à la position **9** où c'est le dos qui encaisse l'effort.

1
2
3
4
5
6
7
8
9

ADOPTER LA BARRE DE TRACTION

Par pitié, ne sautez pas ce chapitre !

Je vois déjà les non sportifs se dire que ce chapitre n'est pas pour eux. Bien au contraire ! Une barre de traction devrait être intégrée dans la structure même de chaque maison. C'est d'utilité publique, surtout quand on sait le nombre de personnes qui souffrent de problèmes de dos ! D'ailleurs, nous devrions plutôt l'appeler « barre de suspension », car c'est à cet usage qu'elle est le plus utile pour la santé du dos et du corps.

La gravité, cette force constante et continue, nous tasse toute la journée dans un seul sens. Il est donc juste de la faire travailler dans le sens inverse au moins 30 secondes par jour… Si vous ajoutez à cela une mauvaise posture, vous obtenez un corps plein de tensions et de douleurs, dont vous n'avez souvent même pas conscience tellement c'est devenu une habitude.

J'invite souvent mes amis à se suspendre un peu quand ils viennent chez moi pour rééquilibrer leur corps. La plupart se plaignent, mais c'est justement parce qu'ils se remettent enfin dans le bon axe que cela leur fait mal. Plus vous vous suspendrez, moins cela vous sera inconfortable, jusqu'à ce que cela devienne carrément agréable. Vous verrez, votre corps finira par réclamer sa suspension quotidienne !

Pour installer votre barre, privilégiez un lieu de passage, idéalement dans un cadre de porte. Personnellement, je l'ai mise dans ma cuisine, pour pouvoir me suspendre quand je cuisine le soir. Faites attention à bien la fixer, et vérifiez d'abord que le mur soit suffisamment résistant. Je vous conseille vivement de rajouter des vis ou des clous pour vous suspendre en confiance. Dans ma maison précédente, je l'avais même scellée directement dans l'enduit !

Si vous avez du mal à vous relâcher à cause de la douleur ou du manque de force dans les mains, ne descendez pas de tout votre poids, allez-y progressivement, en respirant avec le bas-ventre (surtout, ne restez pas en apnée !). Tâchez avant tout de vous amuser et d'être créatif : imposez-vous par période un certain nombre de mini-exercices dont vous pouvez changer les règles régulièrement. C'est un bon moyen de se détendre et de faire du sport sans y prêter attention...

Traction pour les débutants

Peu de gens sont capables d'enchaîner plus de 5 tractions d'affilée. Placez à l'aplomb d'une de vos épaules une chaise sur laquelle vous pourrez poser une jambe, dans l'axe de votre corps, sans gêner l'exercice. Surtout, ne poussez pas sur cette jambe, c'est juste pour vous délester du poids, comme si vous vous allégiez de 10 à 15 kg ! C'est un équivalent des pompes à genoux.

CONTRÔLER SA POSITION DANS UN MIROIR

Le reflet témoin.

Il ne s'agit évidemment pas de vous admirer pendant des heures, mais d'observer votre posture pour pouvoir vous corriger. Avoir un grand miroir chez soi ou dans une salle de sport est très pratique pour vérifier que l'on se tient bien, corriger ses positions, ou être sûr que l'on travaille bien dans l'axe. Bien se tenir renforce sa confiance en soi, et aide à se sentir bien, à rayonner. Si vous vous tenez mal, l'énergie circulera mal dans votre corps, à tous les niveaux. Prenez l'habitude, en passant devant un miroir, de vérifier si vous vous tenez correctement.

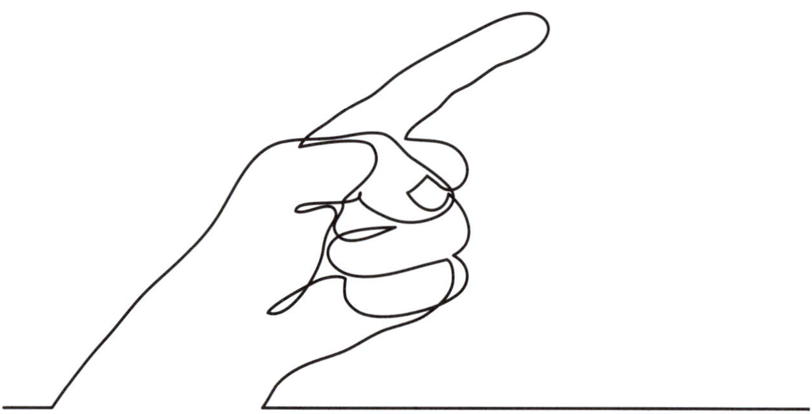

FAIRE DU SPORT CHEZ SOI

Faire de sa pièce de vie bien plus qu'un lieu où l'on se prélasse.

Même avec très peu de place, rien ne vous empêche de libérer un espace de 2 mètres carré au sol pour vous étirer et vous entraîner. Dans tous les lieux où j'ai vécu, j'ai toujours eu un tapis devant mon canapé, et il me suffisait de faire glisser ma table basse pour pouvoir faire des exercices en regardant un bon film.

J'ai remarqué que la plupart des gens qui gardent leur petit tapis de gym dans le placard le sortent finalement assez peu. Il est beaucoup plus facile de faire des activités quand on n'a pas à déménager tout un tas de choses avant de s'entraîner. Je garde donc toujours quelques accessoires à portée de mains, que je laisse traîner dans le salon comme des invitations. Si le passage de l'idée à la mise en exécution demande des efforts, on renonce souvent très rapidement.

Récemment, j'ai totalement réorganisé l'espace de ma pièce de vie autour d'un magnifique tapis perse afin que cet espace libre au centre soit une invitation à s'étirer ou à faire de l'exercice.

Vous pouvez aussi dédier une partie de votre garage ou une pièce à votre activité, mais il sera plus difficile d'y aller de façon régulière et constante sans avoir besoin de vous stimuler... Personnellement, pour me motiver, j'ai acheté une magnifique enceinte dont je me réserve l'utilisation au grenier où j'ai aménagé ma petite salle de sport à l'ancienne.

Ne prenez plus « la déferlante du présent » de pleine face,
mais « surfez » sur le quotidien.

Adoptez des habitudes simples

Une fois acquises et assimilées, les méthodes et techniques proposées dans ce livre feront partie de vous. Vous les utiliserez sans même vous en rendre compte. Plus on s'enrichit de savoir-faire, moins on peine dans toutes les situations du quotidien. Voyez cette assimilation comme une auto-éducation choisie et délibérée. Vous décidez de ce qui est bon pour vous, de ce qui vous manque, vous l'assimilez, et cela devient une partie de vous.

SE FIXER DES OBJECTIFS À COURT ET LONG TERME

Une guerre est une multitude de petites batailles.

Pour avancer au quotidien et être dans une bonne dynamique, il est bon de se fixer des objectifs. Ceux-ci, comme une lumière au bout d'un chemin, vous donneront la force de vous lever le matin et d'affronter la vie. Le mieux est de multiplier vos projets, car si vous vous accrochez à un seul gros projet, vous risquerez rapidement de vous décourager devant les difficultés et de renoncer en chemin. La meilleure façon d'avancer est d'avoir de petits, moyens et grands objectifs à étaler sur des courts, moyens et longs termes.

Beaucoup de personnes souhaitent perdre du poids, être en forme, se sentir bien dans leur peau et réussir dans leur vie professionnelle, mais ne savent pas s'organiser pour tenir leur programme.

Quand je me suis lancé dans la vie professionnelle, je me suis vite rendu compte que mon niveau était très en dessous de celui des autres. Je rêvais de pouvoir à peu près tout faire en cascade physique, et le champ des compétences qu'il me restait à acquérir était extrêmement large. Devant la somme de travail à accomplir, j'ai été tenté de nombreuses fois de lâcher prise et de me reposer sur mes acquis, qui m'offraient déjà de quoi gagner ma vie. Mais je désirais explorer plus loin.

J'ai donc fait des listes très précises des objectifs que j'avais en tête, en étant le plus réaliste possible, tout en mettant la barre assez haut, avec des échéances à court (objectifs hebdomadaires) ou long terme (objectifs sur plusieurs mois ou plusieurs années). À l'approche de chaque échéance, je redoublais d'efforts pour pouvoir y arriver dans les temps. Et je dois dire que la réussite de chaque objectif m'a apporté le bonheur et la force nécessaires pour accomplir les suivants.

Si vous voulez perdre du poids et avoir une silhouette plus athlétique, n'essayez pas de vouloir tout accomplir en 2 mois. Ceux qui se lancent fréné-

quement dans un programme intensif se noient très souvent en chemin… Combien de personnes s'offrent un abonnement dans une salle de fitness pour n'y mettre finalement les pieds que deux ou trois fois ?

Donnez-vous plutôt des échéances raisonnables, que vous noterez sur un tableau bien en vue (par exemple « perdre 8 kg en 6 mois »), et détaillez ensuite la façon dont vous allez vous y prendre, semaine après semaine (exercices physiques, alimentation, etc.). Mais votre objectif final peut aussi être de pouvoir remettre un pantalon dans lequel vous n'entrez plus depuis deux ans ! Soyez créatif, et ne vous précipitez pas. Il vaut mieux être déterminé avant de se lancer, car la détermination donne beaucoup de courage. Si vous n'êtes pas intimement convaincu par votre projet, vous aurez toutes les chances de renoncer en chemin…

CULTIVER SES ENVIES

Une envie qui jaillit, c'est un petit printemps.

Il est sain de céder à ses envies comme on le faisait enfant, dès lors qu'elles sont positives, nous rendent heureux et ne nous nuisent pas (à nous et aux autres). L'envie, l'énergie, l'appétit, la joie et le bonheur se cultivent et s'entretiennent, au risque de se perdre ou de s'éteindre.

Si la situation s'y prête, cédez à vos envies, car l'énergie générée est exponentielle quand elle est bien sollicitée. Si vous vous levez un dimanche avec l'envie soudaine de construire un petit muret dans votre jardin pour faire un parterre de fleurs, pourquoi ne pas mettre votre projet à exécution, même si vous aviez quelque chose de beaucoup plus urgent à faire ? D'une part cela vous procurera beaucoup plus de plaisir, et d'autre part mettre tout de suite en œuvre votre idée vous permettra de cumuler l'énergie et la bonne humeur au service de ce que vous entreprenez. Vous aurez donc le cœur à l'ouvrage, plus de patience et d'endurance pour mener à bien cette tâche. À la fin de la journée, vous aurez le sentiment d'avoir bien profité de votre dimanche et saurez toujours vous organiser pour faire ce que vous aviez initialement prévu ce jour-là.

À l'inverse, il est aussi bon de savoir se refréner dans ses élans. Si vous n'avez pas le matériel nécessaire ou que votre terrain n'est pas prêt à recevoir ce même muret, il vaut mieux éviter de se lancer dans un chantier approximatif. Préparez plutôt mentalement la façon dont vous allez procéder, puis listez ce dont vous aurez besoin. Programmez ensuite une date pour vous mettre à l'œuvre. Laissez alors grandir l'envie en vous.

Cultiver ses envies peut être spontané ou programmé. L'essentiel est de ne pas faire taire l'envie en soi, afin de préserver le plaisir infantile et se sentir plus libre.

ADOPTER DE PETITS RITUELS

L'art de structurer son quotidien.

Tout le monde a ses petites habitudes et ses petites manies. Ces rituels sont d'ailleurs une excellente chose, tant qu'ils ne prennent pas l'ascendant sur votre vie. Les petits gestes qui ont du sens sont comme des repères et participent à votre bien-être.

Vous pouvez choisir d'ancrer de nouveaux rituels dans votre quotidien, comme par exemple vous lever un peu plus tôt pour faire 5 minutes de méditation ou d'étirements. Essayez de vous réserver de petits moments pour vous dans votre journée, ils deviendront les garants d'un mode de vie stable et heureux. Vous êtes totalement libre de décider qu'une chose qui vous tient à cœur ou vous rend heureux devienne un nouveau rituel au même titre que votre café matinal ou la lecture du journal. L'avantage d'ancrer un geste est que l'on en fait un automatisme. Il n'y a donc plus d'effort à faire pour y penser, ni le sentiment de devoir y consacrer du temps. Les rituels se font souvent par défaut, sans y penser. Essayez de les établir par choix, délibérément !

L'être humain s'adapte très vite. En général, il suffit de quelques jours pour prendre une nouvelle habitude. Souvenez-vous de vos dernières vacances et de la vitesse avec laquelle le jus de fruits frais de l'hôtel est devenu un petit rituel. Le tout est de s'y tenir au retour... Profitez-en pour ramener bien plus qu'un souvenir ou un bibelot de vos voyages, mais des choses simples et immatérielles, des enseignements, de nouvelles valeurs, une vision élargie et approfondie d'une culture.

Au cours de mes séjours en Inde, j'ai été ému par la façon dont les Indiens offrent leurs cadeaux, les deux mains jointes, paumes ouvertes vers le ciel. Ce geste magnifique est empli d'une symbolique forte. Depuis, je m'efforce de me le remémorer à chaque fois que j'offre un présent.

N'hésitez pas à reprendre les manières de faire qui vous plaisent, si elles ont du sens à nos yeux.

PRENDRE DE LA HAUTEUR

Même le chaos, en prenant de la hauteur, devient harmonieux…

Très souvent, on peut avoir le sentiment de ployer sous les problèmes ou sous le poids des responsabilités. Il existe une multitude de façons d'évacuer cette désagréable sensation de perdre pied. Chacun doit trouver celle qui lui correspond le mieux et ne pas hésiter à coupler les techniques en fonction de ses ressentis. Pour ma part, j'essaye de relativiser, et de changer d'échelle, pour mettre en perspective mes problèmes du moment avec une vision plus large.

Si vous avez le sentiment que les choses vous échappent ou que vous perdez le contrôle, commencez par calmer votre rythme intérieur en ralentissant votre respiration. Être en situation de stress intense ou de panique, c'est un peu comme avoir une tempête sur sa mer intérieure. Sans même essayer de comprendre ce qui génère le vent et la tempête, le simple fait d'y penser devrait suffire à faire baisser l'intensité des vagues. Quand vous vous sentez un peu mieux, asseyez-vous ou allongez-vous près de quelque chose de distrayant à observer dans les moindres détails. Ça peut être absolument n'importe quoi : une plante dans un pot de fleurs, les interstices d'un carrelage, la cire coulée d'une bougie… Imaginez alors que vous faites 1 millimètre de haut et que ce que vous observez soit votre univers. Le mur du salon devient alors les côtes d'un continent lointain, la terre du pot de fleurs le jardin que l'on doit entretenir, l'interstice du carrelage un canyon qu'il faut franchir et la cire des coulées de lave…

À cette échelle, le moindre gravillon devient un rocher difficile à déplacer, les brindilles d'énormes poutres… Peu importe où l'on se place, on se rend rapidement compte que même dans 10 centimètres carrés, on rencontre une multitude de problèmes.

Quand vous décidez que vous avez suffisamment entrevu ces nouveaux problèmes imaginaires, décollez lentement afin de prendre de la hauteur, tout en gardant votre taille miniature. Vous constaterez qu'à côté de ce pot de fleurs se trouve tout un tas d'autres environnements, avec à leur tour leurs lots de problèmes. Et à mesure que vous vous élèverez, vous apercevrez de plus en plus de microcosmes et de problèmes, qui deviendront de plus en plus insignifiants avec la distance. Petit à petit, vous pourrez transposer cette vision sur les problèmes dans votre vie réelle et les reconsidérer.

Nous avons tous des tas de choses que nous avons du mal à gérer. Mais à partir du moment où l'on accepte de voir que les problèmes sont là où on y prête attention, et qu'ils disparaissent sitôt qu'on les regarde de très haut, on acquiert une vision plus claire et plus détachée, et on s'aperçoit que beaucoup de nos maux ne sont finalement pas si importants.

ÉCOUTER SES INSTINCTS

Imaginez un oiseau qui aurait peur de construire son nid seul, et qui douterait de lui : « En suis-je seulement capable ? »

Cela semble ridicule, n'est-ce pas, d'imaginer un oiseau doutant de ses capacités à construire un nid capable de résister au vent et aux tempêtes ? Il sait le faire car c'est inscrit au plus profond de lui, un point c'est tout !

J'ai toujours été fasciné par l'instinct animal, et j'aime observer avec respect et admiration tout ce que les animaux font de façon spontanée, quand nous passons notre temps à nous poser des questions existentielles sur nos potentiels innés. Car de la même façon que l'oiseau sait faire son nid ou le castor construire un barrage complexe sur une rivière, nous sommes capables de choses extraordinaires déjà ancrées en nous !

Notre société « moderne », avec tous ses codes, nous a progressivement déconnectés de nos instincts et de notre héritage génétique, si bien que nous sommes aujourd'hui convaincus que nous ne savons rien faire tant qu'on ne nous l'a pas enseigné. Votre table est cassée ? Votre premier réflexe sera probablement d'aller en acheter une autre. Et si, cette fois, vous essayez de la réparer ?

Laissons parler nos instincts, nos intuitions, nos ressentis et pressentiments. Ils sont toujours là, justes et bienfaisants, sous la couche épaisse du doute. Car l'essentiel est déjà là, au plus profond de nous. On ne sait juste plus lire la notice !

Essayez d'être plus à l'écoute de votre corps et de ses messages. Vous avez envie de bailler ? Tant pis si le monde extérieur pense que ça n'est pas poli ! Ne nous laissons pas destituer de nos bons instincts pour des apparences. Quand on commence à être plus attentif aux signes du corps, on apprend à les décrypter. Et comme en voiture, c'est toujours mieux de ne pas ignorer les premiers symptômes d'une panne : cela pourrait engendrer davantage de complications après.

J'ai toujours été surpris de l'énergie déployée au cours d'un éternuement. Quand nous toussons, éternuons ou avons le hoquet, le corps se contracte de façon explosive et extrêmement soudaine qu'il est très difficile de reproduire volontairement. Quand il m'arrive de coacher des comédiens censés recevoir un coup de poing, je leur demande souvent, pour pouvoir retrouver cette même énergie, d'imaginer qu'ils sont piqués par une aiguille. Les réactions instinctives ne cheminent pas par le même chemin que quand on commande un mouvement consciemment : elles utilisent la mémoire corporelle. Pour maîtriser cette énergie, comme le font les sportifs de haut niveau, il faut répéter nos mouvements des milliers de fois, et les ancrer comme des automatismes. Mais surtout accepter de retrouver ce lien perdu avec nos instincts.

GÉRER SON SOUFFLE

Évacuer et endurer par l'air.

Vous avez sans doute déjà ri en entendant votre animal de compagnie souffler profondément, comme s'il était dépité. En effet, nous soufflons naturellement fort quand nous sommes mécontents, inspirons puis expirons fort quand nous perdons patience ou sommes en colère… Et cette gestion du souffle permet de mieux faire face à de nombreuses situations.

Prenez le temps de réfléchir à ce que vous faites ainsi instinctivement, sans vous en rendre compte. Vous pourrez alors prendre conscience de ce phénomène afin de le déclencher volontairement pour parer à une situation compliquée. De manière générale, gérer son souffle permet de garder le contrôle dans la plupart des situations. Vous êtes le capitaine à bord de votre corps, vous décidez quand il faut ralentir ou mettre les voiles pour manœuvrer sans endommager votre navire. Au fur et à mesure, vous saurez quelles voilures déployer ou rétracter en fonction des aléas météorologiques de la vie.

Dans toutes les pratiques sportives, de l'apnée aux sports de combat, en passant par le golf ou les arts martiaux traditionnels, et dans toutes les techniques de détente et de méditation, la question de la gestion du souffle et de l'air est essentielle. Car la respiration apporte bien plus que de l'oxygène à notre organisme…

Chasser la peur, l'angoisse, la détresse et la panique

Respirez profondément, puis expirez de façon rapide et sonore. Bougez et étirez-vous en même temps. C'est la technique que j'utilise pour chasser la peur et le tract avant un spectacle, en faisant quelques flexions ou pompes. La respiration, associée à une petite dose d'endorphine, permet de se libérer de la camisole des émotions.

Se calmer, se reposer, se détendre, reprendre le contrôle d'une situation

Utilisez la respiration ventrale, en inspirant et expirant profondément, tout en ralentissant les battements de votre cœur.

Ne pas s'étouffer quand on avale de travers

Ne paniquez surtout pas : on peut rester en apnée au moins 10 secondes, même les poumons vides. Analysez brièvement la situation : à quel niveau la bouchée que j'ai avalée est-elle coincée ? Y a-t-il de l'eau à portée de main ?

Ne vous crispez pas, cela nouerait votre trachée. Inspirez calmement et profondément par les narines en vous relâchant de façon à faire descendre ce qui vous gêne. Gardez le contrôle. La plupart du temps, en avalant de travers, le simple fait de rester calme permet de déglutir doucement. Un petit verre d'eau, et vous continuerez vos activités comme si de rien n'était.

Gérer la douleur ou l'effort extrême

Adapter sa respiration au rythme des pics de douleurs, et la coupler à des techniques d'auto-hypnose (voir page 111), et vous pourrez endurer bien plus que vous ne le pensez sans tomber dans les pommes ou perdre le contrôle. J'ai subi plusieurs petites opérations à vif, sans anesthésie (large coupure à faire recoudre ou infection profonde à rouvrir au scalpel), que j'ai pu supporter grâce à ces techniques. J'ai inspiré profondément à mesure que l'aiguille ou la lame rentrait, et expulsé dès que le médecin relâchait.

SE REGARDER AVEC OBJECTIVITÉ

Se distancer pour mieux s'appréhender.

Quand j'ai commencé le métier de comédien, les premières années ont été très violentes car je me confrontais à la différence entre ce que j'imaginais « donner » sur scène, et le rendu réel. J'ai été choqué de visionner des captations de spectacles dans lesquels je jouais. J'avais le sentiment de tout donner, d'y aller à fond, de faire de beaux mouvements, et je constatais avec désarroi que j'étais en fait lourd, disgracieux, lent… Bref, terriblement mauvais !

Et quand j'étais filmé hors scène, dans la vie de tous les jours ou pour une interview, je me heurtais à cette « vérité » que renvoie la caméra en pleine face. Le caméscope ne fait pas de cadeaux… J'ai donc essayé de comprendre et d'accepter qu'une grande partie de ce que je faisais consciemment ou inconsciemment m'échappais totalement. Je me suis acheté une caméra et j'ai pris l'habitude de filmer mes entraînements et mes répétitions pour pouvoir m'analyser froidement et comprendre la corrélation entre ce que je faisais et ce que cela donnait réellement.

Pendant mes cours de théâtre, ma professeur Michèle Garay nous a appris, lorsqu'on était sur scène, à extérioriser une petite partie de nous pour la laisser sur les gradins, non pas pour être spectateur de nous-même, mais un allié critique capable de nous signaler toutes nos erreurs, un garde-fou.

Appliquer cette extériorisation dans la vie de tous les jours permet de prendre du recul sur soi, de se rendre compte que certains traits de caractère sont pénibles pour les autres, que l'on dégage une énergie négative, que l'on se plaint trop, que l'on agit mal, que l'on passe trop de temps devant la télé… Mais aussi que notre posture n'est pas bonne, que l'on est trop cambré, trop voûté ou que l'on traîne des pieds. C'est accepter de percevoir au-delà de son ego, de lever le voile sur soi-même

RECONSIDÉRER LE TEMPS, LES VOLUMES ET LES QUANTITÉS

À l'échelle d'une vie, l'insignifiant devient conséquent.

En réfléchissant à la vitesse à laquelle on apprend et à la pédagogie en général, j'ai commencé à faire de petits calculs pour mieux évaluer le rapport entre le temps passé à faire quelque chose et l'impact que cela peut avoir sur une vie.

Enfant, je passais des heures devant la télé, surtout l'hiver. J'avais aussi deux cours de judo par semaine de 1 h 30. En 3 heures de pratique hebdomadaire, j'ai appris des techniques de combat, développé mon endurance, mon mental, ma condition physique, intégré des valeurs et un code moral, tout en nouant des amitiés fortes. Ces 3 heures par semaine, entre 5 et 18 ans, ont profondément modifié et conditionné ma vie.

Un rapide calcul permet de se rendre compte que cela a représenté environ 1,24 % de mon temps sur 13 ans, 0,53 % sur 30, et que si je vis centenaire, cela ne fera plus que 0,16 %... De quoi faire réfléchir !

Je vous invite à remettre ainsi en perspective vos activités, afin de réaliser que les bonnes choses ne prennent proportionnellement pas tant de temps lorsqu'elles ont un impact déterminant sur le reste.

Si vous décidez, à l'âge de 20 ans, de prendre 10 minutes par jour pour votre bien-être (vous étirer, faire une gym douce, méditer...), cela ne représentera que 0,69 % de votre temps de vie si vous vivez centenaire, et ce pourcentage ridicule aura suffi à influencer positivement l'ensemble de votre vie.

En réduisant ce temps à 2 minutes par jour, ce qui est suffisant pour s'étirer le matin et respirer, par exemple en écoutant la radio, cela ne représentera plus que 0,14 % de votre temps de vie. Mais ce pourcentage insignifiant aura largement participé à votre bien-être et à votre santé.

Sachez que l'on apprend très vite quand on y prend plaisir et que l'on y trouve un intérêt. Un stage intensif de 80 heures sur deux semaines consacré à un sujet qui vous tient à cœur ou à une réorientation professionnelle suffira à ancrer dans votre vie de nouvelles choses précieuses. Savoir dégager un peu de temps est plus facile quand on prend ce recul. Notre corps et notre cerveau assimilent finalement extrêmement rapidement.

À l'opposé, les choses qui nous font du mal semblent insignifiantes à petite échelle mais prennent des proportions importantes sur l'échelle d'une vie. Qu'est-ce que cela ferait si on alignait tous les bonbons que l'on a consommés dans sa vie ? Si l'on accumulait tous les pesticides ingurgités ? Si l'on calculait le temps passé à expulser de la fumée de cigarette ? À regarder la télé ?

Se pencher sur les mauvaises choses que l'on consomme peut faire peur, et on préfère souvent ne pas savoir… Mais c'est un réflexe à adopter, car au final, c'est comme si on jetait une partie de nos poubelles dans le réservoir de notre voiture à chaque fois que l'on fait le plein. On roulerait forcément moins bien !

FAIRE PLUSIEURS CHOSES EN MÊME TEMPS

Allier plusieurs activités en même temps sans s'en rendre compte.

Il suffit parfois de quelques minutes par jour pour ancrer de nouvelles habitudes ou acquérir de nouvelles compétences. Et si vous utilisiez pour cela le temps passé sur votre canapé ?

Devant la télé, on bascule vite dans une certaine léthargie, comme hypnotisé. C'est très agréable et ça repose. Mais pourquoi ne pas en profiter pour faire autre chose en même temps ? Une activité qui ne vous demande pas de réelle concentration, comme tricoter, éplucher les haricots, repasser le linge, faire des abdos ou même des postures de yoga ? C'est ainsi que j'ai travaillé ma souplesse, et au final, je n'ai pas eu l'impression que ça m'a demandé beaucoup d'effort ni de temps, car je le faisais en regardant des films !

Cela ne s'arrête bien sûr pas à votre canapé ! Les semaines s'envolent parfois et on a du mal à passer autant de temps qu'on le souhaiterait avec nos proches, à faire des travaux dans la maison, à jardiner, etc. Pourquoi ne pas tout faire en même temps ? Enfant, j'adorais aller aux fabuleuses journées qu'organisait un des amis de la famille : il invitait un maximum de gens pour une journée de travaux (récolter des pommes pour faire le cidre, rejointer le pignon d'une maison...) et faisait le contre-maître. Il préparait tout méticuleusement en amont et prévoyait un festin le soir. Tout le monde était ravi de l'aider à avancer dans ses projets. Avec 10 personnes, le travail accompli en une demi-journée peut être pharaonique ! Puis, nous passions une superbe soirée en festoyant, satisfaits des efforts communs. La fois suivante, même opération chez un autre ami ! Savant mélange d'entraide, de bonne humeur et de travail.

UTILISER DES MOYENS MNÉMOTECHNIQUES

Jouer avec les mécanismes de la mémoire.

Les moyens mnémotechniques sont très utiles pour retenir tout un tas de petites choses que l'on a tendance à oublier… Pour qu'ils soient vraiment efficaces, mieux vaut les élaborer soi-même, en fonction de ses propres besoins et de ce qui nous parle le plus. En voici quelques-uns, que j'aime utiliser au quotidien.

Il m'arrive souvent, au moment de m'endormir, de penser à quelque chose que j'ai oublié de faire. Pour éviter d'avoir à me relever, je jette un objet au milieu du passage afin d'être sûr de tomber dessus le lendemain matin. Quand je me lève et que je vois l'objet traîner sans raison sur le sol, je sais que j'ai oublié quelque chose. Avec un peu de réflexion, je remonte le fil de mes pensées et retrouve facilement ce que j'ai oublié.

Comme beaucoup de gens, je n'ai pas la mémoire des prénoms. Je me souviens des nouvelles personnes que j'ai rencontrées, de leur visage, des discussions que nous avons eues, mais difficilement de leur prénom. Pour ne pas les vexer, j'essaye d'associer leur prénom soit à une personne que je connais déjà et qui a le même prénom, soit à la première chose qui me vient en pensant à eux. Ainsi, si je rencontre un Maxence avec qui j'ai beaucoup rigolé, je vais me dire « Maxence a le sens de l'humour » et retenir « Max-sens-de-l'humour », ou si Franck habite en face d'un Franprix, chantonner « Franck-prix mes courses préférées ».

À vous de trouver vos propres astuces. Le plus important, c'est que ça fonctionne !

DRESSER UN TABLEAU

Élaborer son plan d'attaque.

Que ce soit pour organiser votre semaine, noter les jours et les moments que vous voulez prendre pour vous, ou lister les exercices à effectuer, dresser un tableau aide à tenir ses engagements car on les a en permanence sous les yeux. Cela permet d'être méthodique et d'avoir une vision globale de ce que l'on doit accomplir. C'est un peu comme un challenge personnel que l'on mettrait face à soi.

FAIRE DES LISTES

Dresser des listes pour maîtriser son quotidien.

J'ai toujours vu ma mère faire des listes pour organiser l'ensemble des choses qu'elle avait à faire et à penser. Des travaux de jardin aux courses pour la famille, en passant par les affaires à emporter pour les vacances… elle n'a jamais oublié quoi que ce soit ou été prise au dépourvu.

Quand je suis devenu indépendant et que je me suis retrouvé à devoir gérer moi-même les joies de la paperasse administrative, des courses, de l'appartement, de la voiture, etc., il m'a fallu m'organiser. Et je me suis très vite aperçu que faire des listes était une méthode particulièrement efficace. Cela permet de ne rien oublier, bien sûr. Mais il y a aussi le plaisir de rayer ce qu'on a accompli, et le sentiment de maîtriser son quotidien et sa vie en général. Car on peut faire des listes avec des choses banales comme des choses cruciales !

J'ai conservé des carnets entiers de listes rayées, fruits d'années de labeurs et d'accomplissements, sur lesquels se mêlent aux simples courses hebdomadaires des rendez-vous, des soirées entre amis, des spectacles à aller voir, des projets de vie, des travaux de maison, des préparations de voyages, etc.

Il m'arrive de les ressortir pour me rappeler mes préoccupations de l'époque et constater le chemin parcouru depuis. C'est aussi un merveilleux moyen de retrouver des souvenirs enfouis ou le fil de ses pensées. Un précieux témoignage du temps qui passe et des années bien remplies.

J'ai eu la chance de pouvoir lire les carnets de notes et de comptes de mes arrières grands-parents, et cela m'a permis de mieux comprendre qui ils étaient, leur mode de vie, la façon dont ils géraient leurs dépenses, ce qui était important à leurs yeux, etc.

IDENTIFIER LES CAUSES DE SES PROBLÈMES

Étaler et synthétiser ses problèmes pour les mettre en lumière et les délier.

Vous croulez sous les problèmes, avec le sentiment de vous noyer, de ne plus savoir par où commencer, et avez du mal à cerner la cause de vos soucis ?

Voici une petite méthode très simple qui, je l'espère, vous sera bien utile. Je l'ai mise en place pour aider un ami qui, malgré sa volonté farouche d'aller de l'avant, était littéralement bloqué par un mur de problèmes, comme le cours d'une rivière peut l'être par un barrage de végétation après une tempête. C'est seulement en observant attentivement l'enchevêtrement que l'on finit par s'apercevoir que tout provient de deux troncs retenus par un rocher, trois mètres plus bas, et cachés par des milliers de branchages. Il suffit alors de délier les deux troncs pour que le barrage se libère d'une seule traite, et vous saurez dorénavant que ce rocher, à cet endroit de la rivière, est susceptible de poser problème quand les eaux grondent… Il en est de même avec les problèmes.

Essayez donc de synthétiser vos problèmes avec des mots-clés, qui fonctionneraient comme des dénominateurs communs, et écrivez-les sur des morceaux de papier, puis étalez-les devant vous dans un certain ordre qui permette de les résoudre. Ensuite, modifiez cet ordre jusqu'à trouver la meilleure solution. En changeant progressivement de points de vue, vous parviendrez à mettre en lumière les principales sources de l'ensemble de vos problèmes et saurez dans quelle direction aller. Vous pouvez aussi demander à un proche de disposer les morceaux selon la manière dont il entrevoit vos problèmes. Parfois, il est difficile d'avoir suffisamment de recul seul.

Une fois que vous aurez identifié les troncs qui retiennent le barrage, il vous sera plus facile de vous concentrer dessus et de mettre de côté le reste des branchages. De plus, vous saurez que le « rocher » est une zone fragile qu'il faut surveiller avec attention.

Prenons l'exemple d'un homme divorcé, qui attendrait le verdict du tribunal pour la garde de ses enfants. Ne sachant plus par quel bout régler ses problèmes, il les note comme ils lui apparaissent, sans ordre précis.

peu de temps libre

sensation de burn-out

maladies bénignes chroniques

relation conflictuelle avec son ex-femme

dossier du tribunal en attente de verdict

perte de motivation pour tout

frais automobile conséquents

vie sentimentale vide

malbouffe

relations au travail tendues

mal-être corporel et intellectuel

pensions mensuelles de deux enfants

relation conflictuelle avec ses enfants

maison mal rangée

Version 1

Après avoir inscrit l'ensemble de ses problèmes sur de petits papiers, il les étale de la façon dont il pense régler les choses dans un premier temps :

En rencontrant quelqu'un, il remplira sa ***vie sentimentale vide*** qui chassera son ***mal-être corporel et intellectuel***. Il réglera donc son problème de ***malbouffe*** qui réduira ses ***maladies bénignes chroniques*** qui l'empêchent de mettre de l'ordre dans sa ***maison mal rangée*** et de profiter de son ***peu de temps libre***. Tout ceci l'aidera à apaiser la ***relation conflictuelle avec son ex-femme*** et par conséquent la ***relation conflictuelle avec ses enfants***, ce qui facilitera le ***dossier du tribunal en attente de verdict***. Une fois ceci réglé, il pense faire disparaître la ***perte de motivation pour tout***, la ***sensation de burn-out,*** ce qui l'apaisera dans ses ***relations de travail tendues***. Il pourra alors travailler plus et sereinement pour payer sans problème les ***pensions mensuelles des deux enfants*** et régler ses ***frais automobile conséquents***.

Version 2

Dans un second temps, il reconsidérerait ses problèmes et ses priorités comme ceci :

S'il commence par régler ses ***frais automobiles conséquents*** et qu'il prend un week-end pour ranger sa ***maison mal rangée***, il aura les idées plus claires et profitera mieux de son ***peu de temps libre*** pour entre autres prendre le temps pour réduire sa ***malbouffe*** et ses ***maladies bénignes chroniques***, et par conséquent son ***mal-être corporel et intellectuel***. Tout ceci fera disparaître sa ***perte de motivation pour tout*** et sa ***sensation de burn-out*** qui polluent ses ***relations de travail tendues***. Il pourra ensuite gérer correctement ses comptes pour régler sans tracas les ***pensions mensuelles de ses deux enfants***, ce qui réglera la ***relation conflictuelle avec son ex-femme*** et par conséquent ***la relation conflictuelle avec ses enfants***, ce qui facilitera le ***dossier du tribunal en attente de verdict***. Enfin, il pourra songer à remplir sa ***vie sentimentale vide***.

Version 3

Dans un troisième temps, un ami l'aidera en lui disant qu'il doit lâcher-prise sur le ***dossier du tribunal en attente de verdict*** car la procédure est engagée et que le délai ne dépend pas de lui, qu'il devrait plutôt réaliser que son ***mal-être corporel et intellectuel*** est dû à son tempérament négatif et à la façon dont il baisse les bras rapidement. Qu'ainsi il réduira ses ***maladies bénignes chroniques*** et profitera de son ***peu de temps libre*** pour s'organiser et mettre de l'ordre dans ***sa maison mal rangée***. Que ***la malbouffe*** et ***la perte de motivation pour tout*** découlent de tout ça, le maintenant constamment en ***sensation de burn-out,*** ce qui fatigue ses collègues et génère des ***relations de travail tendues*** qu'il vit mal en rentrant le soir, et engendre une relation ***conflictuelle avec ses enfants*** et ***sa relation conflictuelle avec son ex-femme*** dès qu'ils se parlent au téléphone ou se croisent pour s'organiser. Qu'il n'a pas vraiment d'excuses pour payer à temps les ***pensions mensuelles des deux enfants***. Son ami lui fait enfin remarquer qu'avant d'espérer remplir sa ***vie sentimentale vide***, il doit être mieux avec lui-même car il ne doit pas s'imaginer qu'une nouvelle vie de couple va résoudre ses problèmes actuels. Qu'enfin, les ***frais automobile conséquents*** continueront car sa voiture est ancienne et qu'il devrait songer à en racheter une autre sur le long terme.

On peut donc conclure que le « rocher » est le mal-être corporel et intellectuel dû à son tempérament négatif et à sa façon de baisser rapidement les bras. S'il en prend conscience, les problèmes se régleront à l'avenir plus facilement sans s'accumuler.

DÉVELOPPER SON ACUITÉ SENSORIELLE

Percevoir et emmagasiner comme une éponge.

Notre corps est doté de capteurs qui permettent de ressentir notre environnement à travers nos cinq sens. Hélas, la plupart d'entre nous les utilisent mal. Quand deux personnes observent une même chose, elles ne la vivent et ne la ressentent jamais de la même manière.

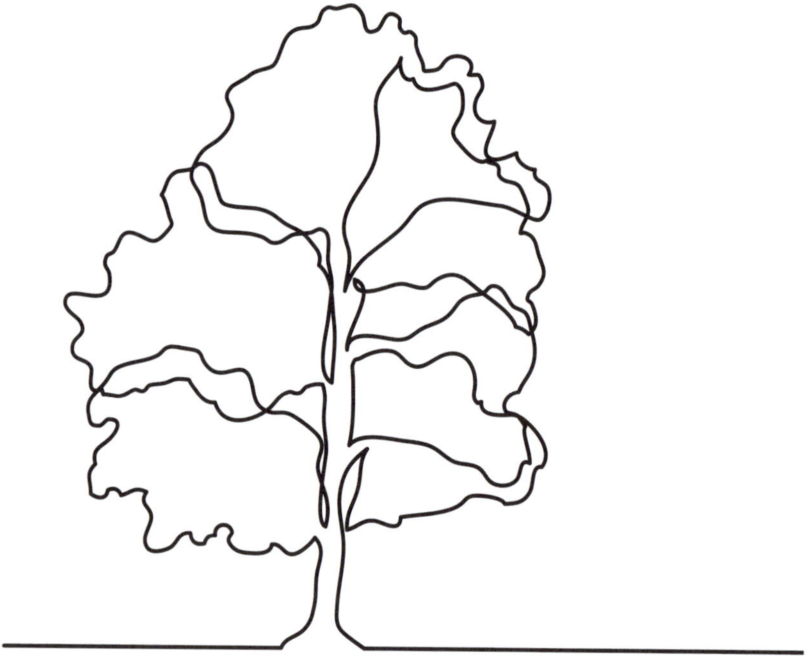

Il est possible de travailler l'acuité de ses sens pour mieux percevoir le monde et savourer plus pleinement ce qui nous entoure. Quand vous vous promenez dans la nature, essayez d'être attentif et réceptif aux paysages, à la nature du sol, à l'odeur de l'air, à la luminosité, aux formes, aux couleurs, aux bruits du vent, aux différentes plantes, aux différents types d'arbres... Vous rentrerez de votre promenade chargé et nourri de toutes ces choses et de toutes ces sensations.

Vous pouvez aussi vous amuser à vous imprégner d'un lieu dans tous ses aspects. Qu'il est bon de s'asseoir dans un petit coin de paradis pour recharger ses batteries sensorielles et emmagasiner toutes les images mentales possibles, afin de pouvoir les retrouver n'importe quand.

Quand vous êtes bloqué dans les transports en commun, en heure de pointe, essayez de rouvrir une de vos « images sensorielles » : retrouvez votre petit torrent dans une clairière, le bruit qu'il dégage en circulant à travers les rochers, la force du vent, le chant des oiseaux au loin qui se mêle au bruit des herbes hautes, la douceur du sol... Plus vous vous concentrerez sur les détails et plus vous vous évaderez. Vous aurez toujours conscience d'être dans votre métro bondé, mais une partie de vous ne sera plus là.

Être plus à l'écoute de son environnement, c'est aussi respirer l'odeur de son café en ouvrant la boîte le matin, sentir le soleil sur sa peau à travers la fenêtre, effleurer les veinures du bois de sa planche à découper... Bref, tout et rien à la fois. Mais ce sont tous ces petits riens qui permettent de vivre plus pleinement le présent, de garder des souvenirs plus complets et plus forts. On s'est tous déjà remémoré un lieu en respirant un parfum familier... En étant attentif à vos sens et réceptifs à votre environnement, vous calmerez votre rythme intérieur, ralentirez légèrement votre perception du temps et serez plus serein.

RENDRE L'ENNUYEUX DISTRAYANT

L'art de ne pas subir...

Qu'il est difficile et pénible de faire des choses que l'on n'aime pas faire. On a tous tendance à repousser les corvées au lendemain, à la semaine d'après ou carrément au mois suivant. On se trouve toutes les excuses du monde pour ne pas les faire, on les bâcle... et pourtant, il existe toujours des solutions pour trouver du plaisir à faire des choses pénibles. Il suffit de les aborder sous le bon angle, et l'ennuyeux devient presque plaisant !

Essayez de retrouver la capacité que vous aviez, enfant, à rendre ludiques les tâches les plus pénibles afin de faire passer le temps plus vite. Si vous n'aimez pas faire le ménage, passez une musique qui vous donne de l'énergie, mettez le volume à fond et faites tout d'une traite avec la fougue de Patrick Swaze dans *Dirty Dancing* ! Vous détestez la paperasse ? Une fois que vous aurez tout traité, archivé, rangé, faites un tas avec ce qu'il faut jeter et posez-le à côté du poêle à bois. Le moment venu, allumez votre feu avec : le petit sentiment de revanche sur l'administration française, tellement procédurière, vaut vraiment le détour !

Une fois que vous aurez adopté cette gymnastique de l'esprit, vous profiterez de la contrainte pour faire des choses que vous aimez ou que vous n'avez pas le temps de faire en temps normal. Vous devez attendre des heures à la préfecture pour les papiers de votre nouvelle voiture ? Profitez-en pour prendre un livre que vous voulez lire depuis des mois. Vous êtes bloqué dans les bouchons ? Sortez votre harmonica, rangé dans l'accoudoir, ou bien appelez des amis (en kit mains libres bien sûr !). Il pleut pendant le week-end ? C'est enfin le moment de trier vos cartons poussiéreux au grenier, de vider votre dressing de fond en comble, de sortir la perceuse pour fixer une étagère ou faire de petits travaux de réaménagement intérieur...

Faites appel à votre créativité pour ne pas subir la pénibilité des contraintes. Il y a toujours de nouvelles parades à expérimenter.

METTRE DE LA MUSIQUE DANS SA VIE

Des vitamines sous forme de notes !

Nous avons tous une sensibilité différente, mais la plupart d'entre nous aiment la musique. Après, c'est chacun son style ! Une chose est sûre : certains morceaux nous procurent du bien-être, de l'énergie, activent notre cerveau et nous donnent envie de bouger...

La musique peut être un dopant, un turbo. N'hésitez pas à mettre le volume assez fort pour bien attaquer la journée, vous motiver, vous donner de l'énergie, ou tout simplement vous booster si vous avez un coup de mou.

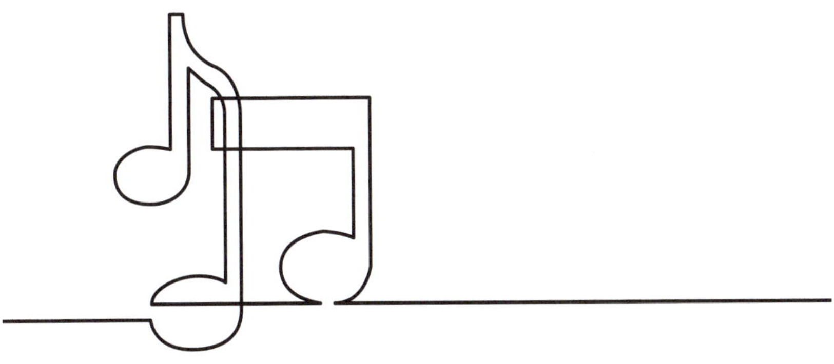

PASSER EN ÉTAT DE FLUX

L'autoroute de la créativité et de l'efficacité.

Les artistes savent que la création et l'inspiration sont des états particuliers, dans lesquels ils « basculent » quand ils en ont besoin. Ils se mettent dans un état dit de « flux », c'est-à-dire d'hyper-créativité où l'inspiration va bon train. Mais cet état n'est pas réservé qu'aux artistes : vous aussi pouvez en profiter.

Se mettre en état de « flux », c'est savoir s'optimiser, concentrer ses pensées et les faire converger vers un ou plusieurs objectifs. C'est se libérer du poids pesant du quotidien et des pensées parasites, pour ne se focaliser que sur ce que l'on doit accomplir. C'est s'octroyer un moment à soi (bien que l'on puisse tout à fait partager cet état en groupe) pour avancer rapidement sur un projet.

Chez moi, cela passe par un échauffement corporel. Avant chaque cascade, qu'elle soit simple ou périlleuse, j'aime avoir le temps de m'échauffer au moins 30 minutes. Au-delà de la préparation corporelle, c'est une façon de me conditionner et de passer en mode « super Hugo ». Cet échauffement méticuleux s'accompagne d'un courant de pensées, de concentration intense et de visualisation de ce que j'ai à faire pour conditionner mon corps et mon esprit. Souvent, je me prépare à encaisser beaucoup plus que nécessaire, pour que ce que j'ai à faire paraisse finalement plus facile. Vous connaissez le dicton : « Un homme averti en vaut deux ! » J'avertis donc mon corps et mon esprit que je vais le solliciter plus ou moins intensément, et je conditionne méticuleusement l'ensemble pour être prêt et sur mes gardes, afin de pouvoir gérer l'inattendu.

Vous aussi pouvez trouver votre façon de basculer dans une version « super » de vous-même. Par exemple, si vous préparez un projet difficile dans lequel vous n'avez pas le droit de flancher (une journée de rendez-vous im-

portants, une présentation...), prenez le temps en amont de bien vous préparer mentalement à cet événement. Visualisez-vous en train d'accomplir la chose, en vous préparant à tous les cas de figure. Laissez vagabonder vos pensées pour ne rien oublier. Au fur et à mesure, vous sentirez un tourbillon d'énergie monter en vous, qui accentuera encore l'efficacité de votre préparation. Tout deviendra plus clair et plus limpide, et vous résoudrez les problèmes avec facilité. Et quand le jour J arrivera, vous serez capable d'aller jusqu'au bout sans être pris de court par tous les imprévus et les coups durs.

Cet état de flux peut aussi être utile pour mobiliser son énergie sur des moments plus courts : durant un partiel, pendant un entretien, pour boucler un dossier avec une dead line serrée...

J'ai récemment appris que l'armée utilisait les mêmes techniques pour préparer ses soldats d'élite : prendre un temps avant l'action pour parler de ce qui les attend, s'échauffer collectivement avec des exercices pour préparer son corps et son esprit à un but précis. Les entraîneurs de haut niveau reprennent également ce type de procédé pour préparer leur équipe avant et pendant les matchs.

UTILISER LES BRUITS BLANCS

Plonger dans sa bulle.

Les bienfaits des bruits blancs sont assez bien connus des étudiants qui préparent leurs examens ou des parents dont le bébé a du mal à dormir. Ces bruits d'arrière-plan peuvent être assez variés du moment qu'ils sont constants et que les vibrations se propagent jusqu'à vous : bruits de ventilateur, de climatiseur, de pluie et d'orage, de vagues et de clapotis, de sèche-linge...

Ces bruits blancs ont un effet rassurant, calmant, hypnotique, en partie sans doute parce qu'ils nous rappellent la façon dont nous percevions le monde avant de naître, l'ambiance intra-utérine. Ils peuvent servir à se détendre, à trouver un sommeil profond et régulier ou encore à rester bien concentré sans s'éparpiller plusieurs heures d'affilée.

Les bruits blancs peuvent aussi soulager les personnes qui souffrent d'acouphènes. Une fréquence proche de celle qu'ils « entendent » les soulage en leur offrant un peu de répit. Des traitements par bruits blancs auraient d'ailleurs des résultats concluants pour en gommer une partie.

Au moment où j'écris cette partie, je suis dans un restaurant que j'affectionne et qui devient mon lieu de travail pour quelque temps. Les bruits de vaisselles, les discussions, et les bruits de la rue se mêlent dans un bruit de fond qui me permet de rester constant et bien focalisé sur mes pensées.

Vous pouvez écouter sur Internet des captations sonores de ce type d'ambiance qui bercent ou maintiennent dans un état créatif. Testez donc... Vous risquez d'être agréablement surpris !

APPRENDRE À DILATER LE TEMPS

Savoir s'évader pour gérer l'ennui, un mauvais moment, un effort extrême, passer en mode veille ou au contraire superactif...

Sans vous en rendre compte, vous avez sans doute appris à plier et à dilater le temps pour que les heures s'envolent plus rapidement, pour pouvoir fuir l'ennui ou échapper à une situation qui vous déplaît.

Quand j'étais petit, je m'ennuyais profondément à l'école. Mes professeurs me disaient toujours que j'étais dans la lune. En un clic, je m'évadais et allais me promener où bon me semblait : passé, présent et futur, tantôt dans mon jardin, tantôt à l'autre bout du monde. Je passais ainsi une grande partie de mes journées dans les nuages. Et si une partie de moi était présente, l'autre voyageait pour fuir la contrainte du moment présent.

Cette façon de s'échapper pour ne pas voir le temps passer est aussi très utile dans la gestion de l'effort physique. Quand je sens qu'un effort devient trop difficile, j'essaye de trouver mon rythme et de caler ma respiration. Puis, mentalement, je vais me promener où je le souhaite. Ainsi dans une sorte de transe, je ressens moins les signes de douleurs ou de fatigue car ils ne m'obnubilent plus. Essayez cette technique si vous avez l'impression que vos séances de sport durent une éternité !

Voici plusieurs manières de vous échapper.

1. Visualisez le temps et imaginez un chronomètre défiler au ralenti.

2. Plongez dans votre respiration, c'est-à-dire visualisez-la comme les vagues puissantes et calmes d'un bord de mer, un peu comme si vous entendiez le roulis du sable et du gravier à mesure que vous inspirez et soufflez. Cela calmera votre rythme intérieur et vous aidera à récupérer activement en un laps de temps réduit.

3. Laissez votre regard se perdre et vos yeux se flouter en fixant un point, par exemple le plafond. Puis, laissez votre imagination dériver.

BASCULER EN MODE HYPERACTIF

L'art d'accomplir un maximum de choses en un minimum de temps.

Le rythme effréné du quotidien nous impose parfois des programmes si chargés qu'on lâche prise avant même de s'y mettre. Si vous avez beaucoup de choses à faire (par exemple ranger votre maison avant l'arrivée de vos invités, préparer le dîner, envoyer trois e-mails importants et sortir le chien) dans un temps record (disons 40 minutes), vous allez probablement stresser à l'avance en vous disant que vous n'aurez de toute façon jamais le temps de tout faire.

Au lieu de vous mettre automatiquement en situation d'échec, procédez donc comme ceci : commencez par vous détendre. Si si, j'insiste ! Allongez-vous, même pendant 5 minutes, et pensez à tout ce que vous avez à faire et à la façon dont vous allez vous organiser pour tout enchaîner de la manière la plus efficace possible. Visualisez correctement dans votre tête l'enchaînement à suivre, l'emplacement de chaque objet, si vous allez débarrasser la table en premier ou en dernier, si vous allez commencer par faire la vaisselle ou bien ranger le plan de travail... Sortir le chien en dernier serait peut-être plus cohérent et vous permettrait de rédiger vos mails depuis votre téléphone en le laissant courir !

Sachez trancher et reconsidérer ce que vous devez faire (ceci ou cela pourrait peut-être attendre la fin de la soirée ou le lendemain matin...). Laissez monter votre énergie en vous et le plaisir de bien faire. Visualisez à nouveau l'enchaînement rapidement, et levez-vous comme un sprinter dans les starting-blocks ! C'est parti !

Ces 5 minutes de détente active vous auront permis de décupler l'efficacité de ce que vous allez mettre en place les 35 minutes restantes, le tout accompagné d'une bonne musique... Vous aurez peut-être même de la marge pour souffler un instant avant que vos invités arrivent.

EXPLOITER SON IMAGINATION

Accéder aux portes de l'infini...

L'imaginaire n'est pas réservé aux artistes. Nous avons tous en nous cette merveilleuse porte que l'on choisit ou pas d'ouvrir en grand, d'explorer sans cesse. C'est la porte de tous les possibles. Ne jugez pas la qualité de votre imaginaire. Il est précieux. Il vous appartient et vous pouvez l'alimenter intelligemment en le laissant se nourrir de tout ce qui vous entoure. C'est l'une de nos plus belles vertus, que l'on utilise pour soi, que l'on peut partager avec une personne ou le monde entier. Plutôt que de surfer sur Internet, surfez sur votre imagination ! C'est une mine d'idées, d'énergie et de solutions pour transformer votre présent et votre avenir.

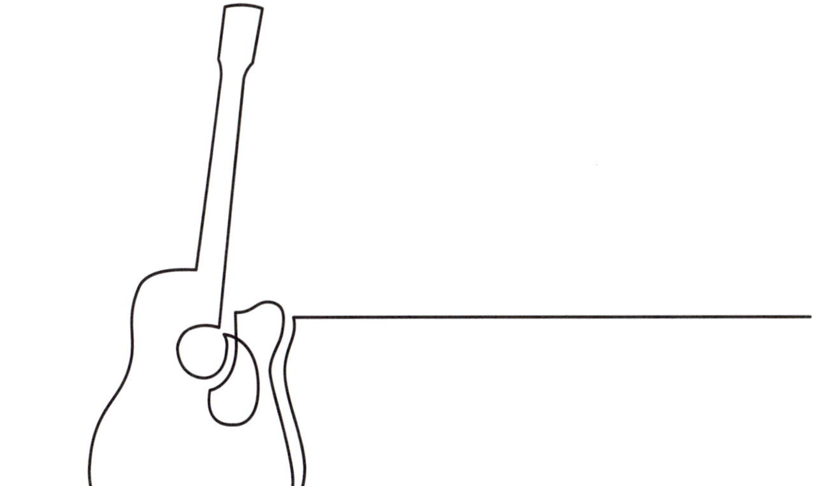

Pour aller plus loin

La recherche du bonheur et du bien-être ne se limite pas à ce que vous faites dans votre cercle restreint… Il faut tout prendre en considération pour être plus cohérent : les choses inhérentes à la vie comme le sommeil et l'alimentation, mais aussi son travail, sa maison et son cadre de vie… Voici quelques pistes, quelques grands axes.

CONDITIONNER SON SOMMEIL

Le soi profond ne se repose jamais…

À quoi sert le sommeil ? À réorganiser le flux de ses pensées et à trier les informations du jour ? On sait beaucoup de choses sur le sommeil et les rêves, et pourtant ils gardent toujours une part de mystères. Si on dort 7 heures par nuit, cela représente environ 106 jours par an… Mais que peut-il donc bien se passer pendant tout ce temps ?

Nous manquons de recul sur le sommeil, et beaucoup de choses nous échappent : faut-il respecter son rythme corporel et se caler sur la façon dont dormaient nos ancêtres jusqu'à l'apparition de l'électricité ? Ou bien notre organisme s'adapte-t-il aux différentes époques et aux mœurs ? Dans les grandes villes, une partie de la population vit en décalage complet, contrainte par des horaires de nuit. Et nous n'avons aucune idée des conséquences que cela aura sur les générations futures.

Personnellement, j'ai toujours senti que mon cycle naturel se calait entre 1 h 30 et 8 heures du matin. Je ne suis donc pas un exemple en matière de sommeil : je ne sais pas faire la sieste et je suis capable d'enchaîner de longues périodes en ne dormant que 4 heures par nuit. Mais je ne suis pas le seul : la nuit de 8 heures n'est pas une réalité pour tout le monde, surtout en France où nous sommes les champions de la consommation de somnifères.

Je ne vais pas vous donner de conseils ou de techniques pour vous endormir car c'est un domaine que j'ai très peu exploré et dans lequel je n'excelle pas moi-même. Je pense d'ailleurs qu'on a tous le droit de se reposer différemment. Après tout, cela ne fait que 200 ans que l'on a adopté les nuitées complètes. Imaginez-vous au XVIIIe siècle, dans une maison très mal isolée, chauffée avec une cheminée ouverte. Même en mettant du bois sur le feu en allant vous coucher à 21 heures, il y a de fortes chances que le froid vous réveille vers minuit. Vous vous seriez donc levé pour recharger le feu, manger un morceau, lire ou réfléchir, puis recouché…

Plus on explore le sujet plus on réalise que, partout autour du monde, les êtres humains se reposent et gèrent leur sommeil différemment.

Par contre, je peux vous expliquer comment utiliser votre sommeil. Car oui, il est possible de se programmer pour effectuer des tâches la nuit en dormant ! C'est même assez facile. Vous connaissez le dicton : « La nuit porte conseil. » Et bien, voici comment l'appliquer au quotidien.

Quand j'ai commencé à apprendre par cœur des textes assez longs en peu de temps dans le cadre de mon activité de comédien, j'ai découvert que l'on pouvait optimiser sa mémoire pendant son sommeil. Trois techniques fonctionnent très bien : recopier son texte pour faire travailler sa mémoire visuelle ; s'enregistrer pour écouter le texte en boucle en dormant ; ou lire plusieurs fois le texte juste avant d'éteindre la lumière.

Ces techniques fonctionnent aussi pour d'autres aspects que la mémoire. Ainsi, si vous souhaitez orienter votre sommeil et vos rêves dans une direction, pensez fort à des sujets précis en fermant les yeux. Cela peut-être des souhaits, des pensées positives... mais vous pouvez aussi décider de missionner votre cerveau d'éclaircir un problème, une situation ou de répondre à une question. Le sommeil vous apportera réellement des solutions.

RENDRE SON TRAVAIL AGRÉABLE

L'envisager comme une source d'épanouissement et non comme une contrainte.

Beaucoup de problèmes physiques et psychologiques sont en lien direct avec notre lieu de travail, la reconnaissance que l'on reçoit, la qualité de notre vie professionnelle et la relation que l'on entretient avec nos collègues, patrons, clients...

Nous passons une large partie de notre vie au travail, alors autant le rendre agréable et prospère. Bien sûr, cela ne dépend pas que de vous. Mais dès que vous le pouvez, essayez d'aller vers des personnes qui vous ressemblent, avec qui vous avez des affinités ou qui vous sont complémentaires.

Dans les équipes avec qui je travaille, j'ai la chance d'avoir noué, au fil des ans, des relations d'amitié profonde et de respect mutuel. Nous prenons toujours plaisir à nous retrouver et savons que nous pouvons compter les uns sur les autres. Ce mélange de confiance, d'humour et de sérieux est un cercle vertueux.

Un ami metteur en scène, qui recevait de nombreuses critiques dans son dos, m'a un jour dit : « On ne devrait pas critiquer les gens qui nous font travailler sans être d'abord venu leur en parler directement. » J'ai été très touché par sa réaction et j'ai décidé d'en faire l'une de mes règles de fonctionnement. Je pense qu'il est bon de s'enrichir des vertus et des principes des gens que l'on apprécie et respecte, à partir du moment où cela à un sens pour nous.

Essayez donc au possible de créer des relations saines, d'échanges prospères et de confiance. Soyez disponibles et réactifs, au même titre que vous aimeriez que les autres le soient pour vous, et avec un tempérament le plus constant possible. Les gens qui ont des sauts d'humeur ou qui sont instables rendent les collaborations plus difficiles.

Il est tellement plus facile de se lever d'un bon pied quand on part travailler avec enthousiasme et le cœur léger. Ruminer des problèmes est contre-productif. Tirez-en les leçons et avancez !

Si j'étais patron d'une entreprise, j'essaierais de donner à mes employés l'envie de venir travailler. Je tâcherais de connaître les besoins réels de chacun, notamment en termes de confort de travail, et j'installerais un maximum de plantes, d'espaces ouverts et de fenêtres donnant sur la verdure. Je les inciterais à venir à vélo, en transports en commun ou en covoiturage. Ceux qui désirent amener leurs animaux de compagnie seraient les bienvenus si cela n'empêche pas le bon fonctionnement du reste de l'équipe. Une pièce spéciale avec un punching-ball serait à disposition pour évacuer les tensions corporelles et se défouler, ainsi qu'un coin détente. Le matin, nous commencerions par un échauffement collectif rapide pour être plus en forme, créer un esprit de groupe et être opérationnel plus rapidement, suivi d'un énoncé rapide pour dresser les priorités du jour et de la semaine.

Pourquoi tout cela ? Parce que des employés souriants et heureux de faire un travail dans un cadre agréable seront toujours plus efficaces et vertueux les uns avec les autres. Ils rayonneront à l'extérieur et donneront une bonne image de l'entreprise. Cela contribuera à diminuer le nombre d'arrêts maladie, car un employé heureux et épanoui ne flanche pas aux premiers états grippaux.

Je préférerais avoir des employés qui restent travailler plus tard sans s'en rendre compte plutôt que des employés qui comptent les minutes avant d'aller se réfugier devant leur télé et ne plus penser.

Je serais aussi transparent sur les chiffres réels de l'entreprise, et offrirais des primes et des avantages à l'ensemble de l'équipe pour les remercier de leur implication. Sinon, c'est comme priver un jardinier de goûter une seule bouchée des légumes qu'il cultive... Ça n'a pas de sens.

Je leur expliquerais les choix à venir, les stratégies de l'entreprise pour avoir leur soutien, leurs avis et leur faire comprendre qu'il faudra peut-être commencer par se serrer les coudes pour pouvoir prospérer plus tard.

En somme, je les impliquerais, pour un vrai travail d'équipe, humain, éthique et professionnel. Alors utopie ? Pas si sûr. L'ensemble de ce que j'énonce s'applique déjà dans beaucoup d'entreprises à travers le monde, qui ont compris la plus-value liée au bien-être des employés. Des coachs sont même appelés pour faire des stages, des conférences, mettre en place des teams building (méthode ayant pour but de resserrer les liens entre les membres d'une équipe). Là aussi notre société est en mutation. Et si le bien-être est recherché comme argument de productivité, c'est un bien moindre mal...

Les utopistes ont souvent plusieurs décennies d'avance sur les mentalités et participent ainsi à faire évoluer la société. Ce qui semble impensable et irréalisable au moment où ils le conçoivent et l'exposent devient une évidence 30 ans après. Les utopistes et les rêveurs sont comme des phares dans la brume, ils entrevoient beaucoup plus loin et anticipent les grands mouvements sociaux de par leurs modes de vie marginaux et alternatifs. Notre société à besoin d'eux, tâchons de ne pas leur rire au nez mais d'écouter et de débattre autour de leurs idées.

BIEN S'ASSEOIR À SON BUREAU

Une chaise de bureau adaptée et de qualité...

Vous êtes nombreux à passer des heures, que dis-je, des journées entières assis à votre bureau devant un ordinateur. Malgré les efforts en design et la qualité des fauteuils professionnels, le bilan est sans appel : vos sièges n'ont pas l'ergonomie adaptée ! Ils vous font glisser vers l'avant dès que vous n'êtes pas collé au dossier, la chaise tirée contre le bureau. Tout le bas du dos est sollicité, souvent de manière asymétrique car vos mains sont décalées, une sur la souris, l'autre sur le clavier... Du coup, c'est votre dos qui prend et qui encaisse le poids du corps. Les épaules se crispent, ainsi que l'arrière des bras et la nuque. Si vous calculez le temps de votre vie passé à votre bureau, vous mesurerez l'importance de bien se tenir...

Mon banquier s'est mis en mi-temps thérapeutique à cause d'une hernie discale. Lors de notre dernier rendez-vous, je lui ai fait remarquer que, sans s'en rendre compte, assis comme il l'était sur le bord de sa chaise, il compensait en permanence avec le bas du dos pour se tenir droit. Du coup, ses avant-bras étaient décollés du bureau pour pouvoir taper sur le clavier, son épaule droite désaxée sur la souris et sa nuque cassée car l'écran était réglé trop bas. Je lui ai alors proposé de prendre sa place pour lui montrer sa position et lui permettre de visualiser pourquoi il se faisait mal et entretenait sa hernie.

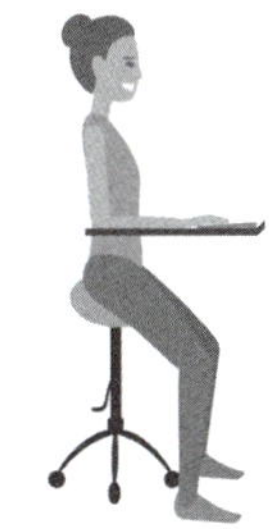

Pour éviter ces problèmes de posture, le mieux est d'opter pour une chaise « à genoux », dont l'ergonomie permet de se tenir naturellement droit sans fatiguer et sans gêner la circulation sanguine. Avoir un bureau d'appoint pour alterner travail debout et assis est aussi une bonne option...

SÉANCE DE SPORT AU BUREAU

Détourner son environnement.

Le sport au travail, c'est pour tous ceux qui n'ont pas le temps d'aller s'entraîner le soir ou le week-end et qui ont besoin de se détendre ou de libérer de l'énergie. Sans nuire à son travail, on peut profiter du mobilier présent pour s'entretenir, rester en forme, s'assouplir et faire de la musculation légère. Rien ne vous empêche par exemple de faire quelques petits exercices quand vous êtes... au téléphone ! Voici quelques pistes.

Version facile

1 2 3 Utilisez votre table ou le dossier de votre chaise pour étirer vos bras, vos épaules et votre poitrine.

1

2

3

4 **5** À l'aide d'une chaise et d'une table, équilibrez votre corps tout en soulageant votre poids pour vous étirer.

4

5

6 **7** Utilisez la table en fixe. Le corps vient se positionner pour s'adapter au mobilier.

6

7

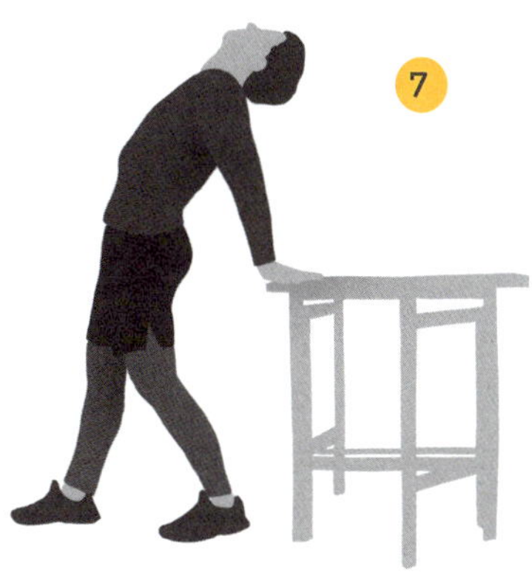

8 à 14 La table sert de support pour étirer les jambes, les obliques, les adducteurs, les fessiers, faire des dips et des pompes légères.

15 **16** Passez-vous par moments de votre chaise pour développer vos cuisses ou vous étirer.

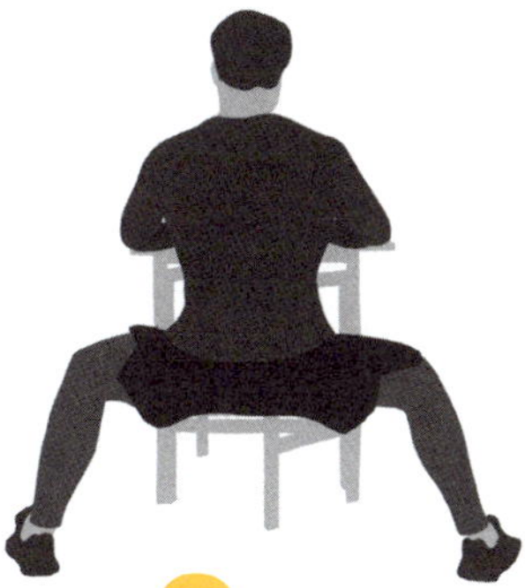

15

16

17 Gainage statique : tenez la position plusieurs secondes autant de fois que vous le voulez pour des abdos en béton.

17

Version intermédiaire

1 2 Faites des pompes légères sur votre bureau. Attention à vous mettre sur un sol qui ne glisse pas.

3 4 5 Faites des dips mains sur la table et pieds sur une chaise. Vous pouvez compliquer l'exercice en maintenant une jambe tendue au-dessus.

6 à **9** Avec trois chaises, vous pouvez faire des pompes ou des dips de toutes sortes. Vous descendez ainsi plus bas sur vos pompes et avez donc plus d'amplitude musculaire.

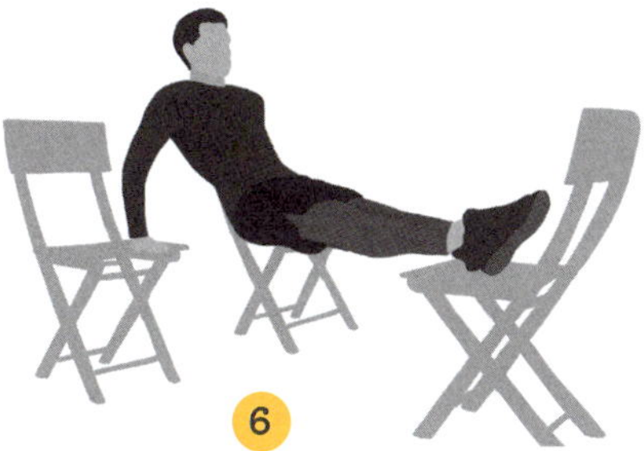

6

7

8

9

10 **11** Faites des dips entre les dossiers de deux chaises, pour travailler la puissance de vos bras et pectoraux.

10

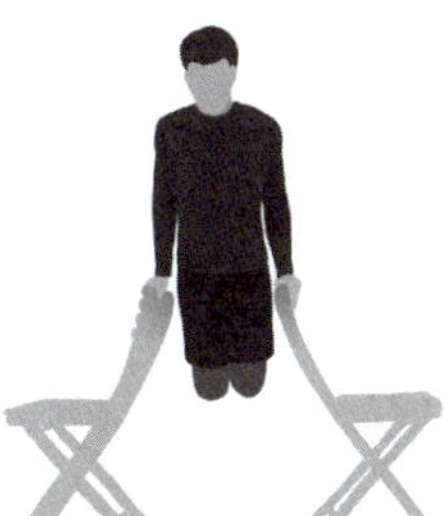

11

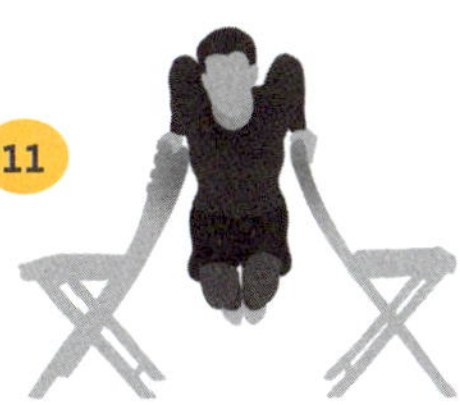

__Version très difficile__

1 Entre le dossier de deux chaises, faites l'équerre et des dips en maintenant le verrouillage des abdominaux.

2 Entre l'assise de deux chaises, ouvrez et fermez les jambes en essayant de rester un instant tendu.

3 Si votre entreprise possède des fontaines à eau, empruntez donc un bidon plein. Ils font en général autour de 18 kg, de quoi travailler efficacement ! Travaillez en tirage avec appui sur la table pour préserver votre dos.

4 5 Une simple chaise suffit à travailler les dorsaux, les fessiers et les lombaires... Trouvez votre point d'équilibre, fléchissez en soufflant et inspirez en vous relevant. Effectuez des séries de 9 et au 10e montez au maximum et gardez la position quelques secondes.

FAIRE ATTENTION À CE QUE L'ON MANGE

« Nous sommes ce que nous mangeons. »

Hippocrate

Je ne vais pas vous expliquer quoi ou comment manger, ni vous parler de l'importance du plaisir de savourer et de partager un repas, ou encore des différentes façons de s'alimenter autour du monde... Vous savez déjà certainement ce qui est bon ou pas pour vous, et ce que vous avez à faire : manger équilibré, des fruits et légumes de saison, si possible crus et variés, etc.

Je vais plutôt vous parler des choix que j'ai faits et de ce qu'ils m'ont permis de constater. Car au-delà de la qualité gustative et nutritionnelle, ajouter de l'éthique et de la conviction dans son assiette permet d'être cohérent avec le reste.

Quand j'ai commencé à travailler comme cascadeur, je me sentais très lourd, lent, peu explosif dans mes mouvements. Pourtant, je mangeais déjà de façon équilibrée car ma mère me cuisinait de bons petits plats et mon père cultivait une grande partie des fruits et légumes que nous mangions. Malgré cela, quand il me fallait retourner travailler après le repas, je me sentais vaseux et fatigué, l'estomac lourd, avec l'impression de subir la gravité. J'avais le sentiment d'utiliser beaucoup plus de force et d'énergie qu'il n'en fallait pour des résultats que je trouvais peu concluants...

Tout en cherchant des solutions pour me sentir mieux, j'ai remarqué qu'en ne prenant qu'une entrée et un dessert léger, l'activité de l'après-midi me demandait beaucoup moins d'efforts. Je complétais ensuite mon repas par un goûter ou un encas en milieu d'après-midi.

J'ai continué à tester ainsi différentes alimentations et à observer les réactions de mon corps. Le self de l'entreprise était devenu un petit centre d'expérimentation, et j'ai rapidement compris qu'en prenant le plat principal, mais sans viande, j'obtenais de bons résultats, sans avoir de creux dans l'après-midi. J'ai donc commencé à bannir la viande le midi quand j'avais des efforts soutenus à faire dans la journée. Je me sentais moins fatigué, mais j'avais toujours le sentiment que je pouvais trouver un régime encore plus adapté à mes activités car je continuais à avoir des courbatures profondes et douloureuses, et la désagréable impression que mon corps était « encrassé ».

Progressivement, je me suis mis à acheter de moins en moins de viande, sans que cela ne me manque, et j'ai constaté des changements corporels troublants. Pour commencer, j'étais mois fatigué physiquement et mentalement, et je ne subissais plus le coup de la digestion après les repas (je pouvais littéralement courir et sauter en sortant de table, et reprendre immédiatement le travail). Mes migraines avaient disparu ainsi que les aigreurs d'estomac, les ballonnements et les courbatures profondes. J'ai aussi constaté une meilleure récupération après l'effort et deux fois moins de blessures. Enfin, j'avais les idées beaucoup plus claires et limpides, une meilleure capacité à raisonner, à penser et à résoudre des problèmes.

En même temps, comment peut-on se sentir bien en mangeant des créatures qui ont été élevées et abattues sans jamais voir la lumière du jour ou un brin d'herbe ? C'est se nourrir de souffrance, de détresse. On nous lave le cerveau à grands coups de campagnes publicitaires aux slogans infantiles : « Les produits laitiers sont nos amis pour la vie », « Mangez au moins 5 fruits et légumes par jour », etc. Hélas, notre corps supporte mal le lait de vache, c'est aujourd'hui prouvé. Quant à manger des fruits et légumes bourrés de pesticides, sans vitamines et sans saveurs, venant des quatre coins du monde...

Faire les courses dans un supermarché est devenu une mission périlleuse : dans les rayonnages, on ne voit pas d'aliments, mais des emballages, des déchets non recyclables, de la souffrance animale, du poison à petites doses, des milliers de kilomètres en cargo, avion et camion, des problèmes que l'on déplace d'un bout à l'autre du globe, des produits qui ne sont pas de saison, des multinationales qui s'enrichissent, de la publicité visuelle et sonore... C'en est trop !

Heureusement, il y a les coopératives bio, les distributeurs de produits locaux, les marchés où l'on peut se procurer de la nourriture qui heurte moins les sens. En tant que consommateur, nous avons un immense pouvoir : celui de choisir en pleine conscience ce que l'on veut acheter et ce que l'on cautionne ! Grâce à nous, le marché du bio est en expansion constante chaque année, les œufs de poules élevées en batteries seront bientôt interdits dans les centres commerciaux, des associations de consommateurs gagnent leurs procès contre des géants de l'industrie... des combats de David contre Goliath encore impensables hier sont aujourd'hui possibles !

Au lieu de parler de ce qu'il faut ou non consommer, et de comment le consommer, il me semble important d'évoquer ces problématiques. Car manger correctement est une chose, mais avoir l'esprit serein quand à la provenance, à la qualité et à l'éthique de ce que nous mangeons en est une autre tout aussi importante.

Peut-être que dans 20 ans il nous paraîtra inconcevable de manger de la viande, au même titre qu'il est aujourd'hui étrange de penser qu'il n'y a pas si longtemps la peine de mort existait encore en France, ou que les femmes n'avaient pas le droit de vote. Ce ne sont bien sûr pas des comparaisons, mais des exemples pour rappeler que notre société est en constante évolution, et que ce qui peut paraître normal aujourd'hui sera peut-être intolérable demain.

Si, pour certains, mieux consommer peut sembler être un luxe non-envisageable, c'est une tendance vers laquelle il faut progressivement se diriger car chaque petit geste compte. De quel droit, en tant qu'humain, nous autorisons-nous à générer, au cours de notre vie, des centaines d'animaux tués, des tonnes de déchets, et à puiser dans les ressources fossiles ? Faisons nos choix en notre âme et conscience, même si ce n'est pas toujours évident au quotidien. Dans un monde en mutations, il ne faut pas baisser les bras, car petit à petit les choses changent. Et si nous regardons ces changements à l'échelle de 3 ou 5 générations, nous pouvons constater que le virage est déjà bien amorcé pour construire un futur plus juste et plus équilibré.

CRÉER DES CERCLES VERTUEUX

Mettre en place des fonctionnements prospères.

Que ce soit dans vos relations, au travail, ou dans d'autres aspects du quotidien, il est bon de mettre en place des cercles vertueux, c'est-à-dire des modes de fonctionnement qui s'équilibrent et engendrent plus de croissance tout en renforçant l'équilibre. Pour prendre un exemple simple, avoir confiance en soi aide à s'accomplir, et le bien-être que cela procure renforce la confiance en soi, qui permet d'encore mieux s'accomplir, etc. Toutes les clés données dans ce livre vous permettront de créer vos propres cercles vertueux.

Ainsi, la permaculture, qui respecte les cycles naturels, fait cohabiter intelligemment des espèces de plantes qui s'enrichissent les unes les autres. Les déchets de certaines plantes viendront en nourrir d'autres, qui donneront des fruits dont les déchets, mis au compost, nourriront à leur tour ces autres plantes, etc. À terme, le jardinier qui met en place ce cycle n'a plus grand-chose d'extérieur à apporter à son jardin car celui-ci s'auto-alimente.

Si vous vous lancez dans une pratique sportive sans de bonnes raisons, sans vous échauffer et en forçant trop le premier jour, vous avez toutes les chances de vous sentir plus mal le lendemain, et de ne pas y trouver le plaisir qui vous assurera la motivation pour continuer.

Si, au contraire, vous procédez avec un peu de méthodologie et d'organisation, vous aurez rapidement envie de réitérer cette séance de sport et votre énergie deviendra croissante. Vous pouvez alors agrandir ce cercle en l'enrichissant et en le complétant avec des cercles parallèles, comme l'alimentation, le bien-être au travail, les relations d'amitiés... Et ces nouveaux cercles viendront enrichir les premiers ! Au fur et à mesure, vous construirez votre vie avec des cercles aux mailles solides, garants d'une meilleure stabilité physique et psychologique. C'est pour cela qu'il est primordial de commencer par un bilan afin de s'assurer que ces cercles sont bien cohérents.

ÊTRE PONCTUEL

Le respect du temps de l'autre.

Il y a des règles de vie qui ont du sens, d'autre moins. Concernant la ponctualité, je crois qu'on explique rarement pourquoi c'est important et ce que le retard génère. Je parle ici de la ponctualité en général.

Quand on est en retard, on arrive agité, dans l'urgence. On se gare n'importe comment, on court, on oublie des choses, on est inattentif sur la route... Bref, on n'est pas dans de bonnes conditions pour profiter d'un ami ou être serein à un rendez-vous.

De son côté, la personne qui attend ne sera pas non plus dans de bonnes conditions. Qu'elle soit à son domicile ou ailleurs, elle ne pourra pas bien profiter de ce temps, car elle saura que la personne qu'elle attend risque d'arriver d'une minute à l'autre. Elle va donc tourner en rond, sans pouvoir vaquer à ses propres occupations, car c'est désagréable de commencer quelque chose et d'être interrompu.

Mais être en retard, c'est surtout un manque de respect à l'égard du temps des autres. C'est penser inconsciemment – ou laisser penser – que notre temps est plus précieux. Pourtant, c'est tellement plus confortable d'arriver quelques minutes en avance sur un lieu de rendez-vous : on peut repérer les lieux sans courir, se balader, choisir le bistrot ou le restaurant le plus sympa, avoir de la marge si on a été ralenti sur la route... Bref, on arrive plus disponible.

ARRÊTER DE SE MENTIR À SOI-MÊME

L'inconscient ne fuit jamais.

Être en accord avec soi-même, faire ce que l'on dit, tenir ses engagements... Être cohérent permet de ne pas être envahi par les préoccupations, les remords, la culpabilité, qui crispent et oxydent les pensées.

Si on se ment à soi-même, qu'on se néglige ou qu'on essaye de fuir ses responsabilités, elles nous rattraperont toujours d'une façon ou d'une autre. On peut fuir physiquement, mais l'inconscient se souvient de tout, et ne manque pas de nous le signaler.

Rendez-vous service : ne laissez pas en suspens des histoires qui vous préoccupent, et ne fuyez jamais vos responsabilités. Toutes ces mauvaises choses forment comme des abcès qu'on laisse grandir en soi... et comme tout abcès, tôt ou tard il finit par sortir ! Épargnez-vous bien des peines en ne le laissant pas se développer. En plus, on accorde plus de respect, de sérieux et de crédit aux personnes en accord avec leurs pensées, leurs paroles et leurs actes.

SE LIBÉRER DES RÉSEAUX SOCIAUX

Des menottes invisibles

Je m'estime heureux d'être né bien avant l'invasion des réseaux « sociaux », d'Internet et des téléphones portables, car il est indéniablement plus difficile aujourd'hui de se construire sans crouler sous les images et les vidéos en tout genre. Le fameux fil d'actualités Facebook fait passer, en l'espace de quelques secondes, par tous les états émotionnels : stupéfaction, colère, jalousie, admiration, rire... ce qui nous habitue malgré nous à ne plus être surpris ou touché par ce que l'on voit.

Il y a quelques années, lorsque le « pouce négatif » a disparu, j'ai décidé de passer moins de temps sur Facebook. Peu après, j'ai compris que consulter Facebook dès le matin me faisait passer l'envie de créer et de faire des choses. Peut-être parce qu'inconsciemment, les réseaux sociaux ancrent en nous le sentiment que tout ce que l'on veut entreprendre a déjà été fait, et en mieux, ou que si ça ne fait pas « le buzz », c'est que ça n'en vaut pas la peine. Et face à cette abondance, il est facile de se noyer et de finir par se sentir fade.

Pourtant, il vaudra toujours mieux faire des choses de ses propres mains, passer du temps avec ses amis et sa famille, construire de vraies relations saines et profondes, prendre le temps de profiter du paysage, de contempler un coucher de soleil... que de prendre sa vie en photos et la vivre par procuration, à l'affût des réactions qu'elles vont susciter. On a tous pu expérimenter, quand on voit des gens se photographier en se mettant en scène sur l'instant, à quel point le décalage avec la réalité est frappant.

Les réseaux sociaux finissent par donner l'impression que ce qui n'est pas « posté » n'existe pas, ce qui pousse les utilisateurs à cultiver une image sublimée d'eux-mêmes, comme si cela allait améliorer leur vie, leur personnalité, ou même leur physique. C'est la problématique au cœur de la mode des

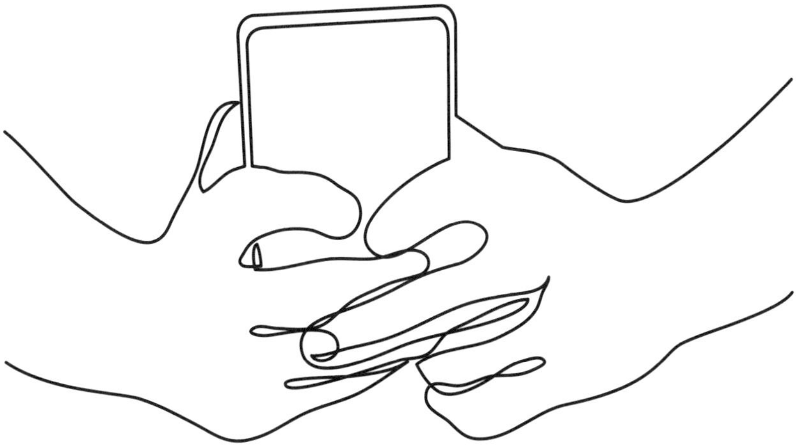

selfies, de ce culte du moi-moi, symbolisé par la « canne à selfie », véritable sceptre à narcissisme. Quel dommage de gommer ses défauts à l'aide de filtres et de logiciels plutôt que de s'améliorer en vrai et de s'accepter avec ses différences.

À l'aube du transhumanisme, je préfère défendre une amélioration de chacun par le travail sur soi et la philosophie plutôt que par la technologie implantée dans nos corps et la chirurgie esthétique. Demain, les yeux bioniques permettront d'être plus performants, mais aurons-nous les idées plus claires pour autant... ? Je vois nos corps et nos cerveaux comme des voitures de course ultra-complexes et parfaites dans leur conception même. Mais peu d'entre nous ont le courage d'en explorer tout le potentiel, d'apprendre à devenir pilote du bolide à bord duquel ils sont nés...

On entend souvent dire que l'on utilise que 10 % de nos capacités cérébrales, mais on ne se demande jamais si c'est la même chose avec le corps.

DÉLAISSER SA TÉLÉ

L'éducateur pas si subliminal...

J'ai grandi à une époque où l'on invitait des personnes sur les plateaux télé pour leur parcours, leur talent et toutes les incroyables choses qu'ils avaient accomplies. Depuis une quinzaine d'années, on nous déballe des personnalités connues pour leur bêtise, leurs défauts et/ou leur tempérament exécrable, et dont les préoccupations sont inintéressantes et le langage déplorable.

Je me suis construit avec pour modèles des héros courageux, droits, qui affrontaient leurs peurs pour secourir les faibles et ne reculaient devant aucun danger. Toutes les séries télé des années 80 et 90 véhiculaient ce genre de valeurs. Aujourd'hui, le format des séries a évolué pour des franchises passionnantes et trépidantes, mettant en scène des héros déchirés, ayant des travers étranges ou des mœurs peu communs : mal dans leur peau, égarés, adeptes d'une sexualité dite « débridée »... Comment se construire avec ces modèles-là ?

Depuis que j'ai appris que les héros et les modèles de l'enfance conditionnent presque irrémédiablement l'adulte que nous devenons, je m'amuse à en parler avec mes amis. Le dernier en date, directeur d'une grande entreprise, m'a confié, un peu gêné, que son héros d'enfance était « Oui Oui », le citoyen modèle qui aide tous les villageois, vient au secours des plus faibles, répare les injustices, prend du temps pour ses amis, joue les médiateurs et est toujours de bonne humeur... Et cet ami est justement un directeur extraordinaire, profondément humain et humaniste, du genre à laisser sa porte ouverte pour n'importe quel employé et à dénouer les problématiques de chaque nouveau lieu où il est nommé, tant sur le plan humain que logistique. Je ne l'ai jamais vu en colère, il est toujours calme et serein, respecté et aimé de tous. Profondément juste. Aurait-il été le même genre de directeur s'il avait eu pour modèle un héros tourmenté ?

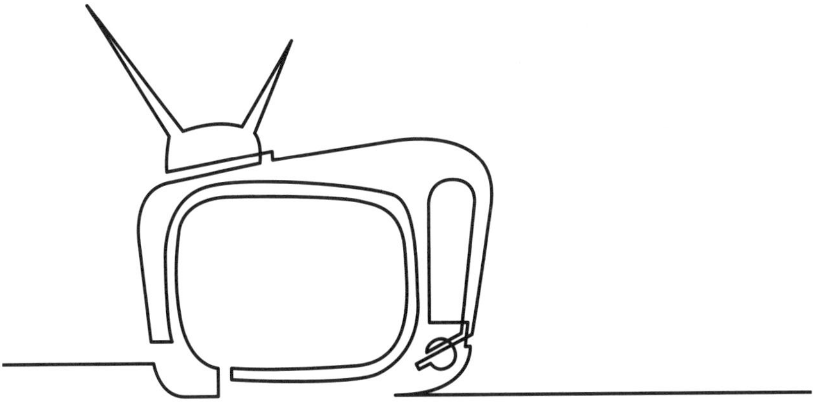

Ajoutez à cela les publicités, la dégradation des programmes, la recherche du sensationnel à tout prix et la consommation de gros titres à scandales... Avoir une télévision n'est pas une fatalité. Personne ne nous oblige à subir les programmes télé, à être un consommateur passif. On peut tout à fait faire le choix, en conscience, de ce que l'on veut visionner, et aller chercher soi-même l'information. Quelle révélation !

SE DÉTACHER DE LA TECHNOLOGIE

Garder le bon et l'utiliser à bon escient.

Nous vivons une époque étonnante où tout avance très vite. Qui sait, dans 5 ans, nous nous déplacerons peut-être tous dans des motos volantes ? Essayons tout de même de poser un regard critique sur toutes ces choses qui envahissent notre quotidien, car entre profiter des nouvelles technologies et les subir, la frontière est parfois mince.

Demain, la domotique va envahir nos maisons pour nous faciliter la vie. Mais cela nous rendra-t-il plus heureux pour autant ? Je crois qu'il est très difficile d'utiliser les nouvelles technologies uniquement au service du bonheur et du bien-être. Les concepteurs d'applications et de jeux Smartphones ne s'en cachent pas : ils étudient nos faiblesses pour nous rendre accros et dépendants. Demandez-vous avant chaque achat : « Cela va-t-il m'apporter du bien-être ? »

Aujourd'hui, de plus en plus de gens décident de changer de vie et de travail pour revenir à des choses plus simples, plus palpables, et plus vraies, comme l'artisanat, les travaux manuels, le travail de la terre. Créer de ses mains apporte beaucoup de satisfaction personnelle. La permaculture et le retour à une agriculture raisonnée à échelle humaine, intelligente et respectueuse de l'environnement, peuvent largement contribuer à construire le monde de demain sur un modèle pérenne.

Une dualité se présente à nous : d'un côté une vie de plus en plus simplifiée par la technologie (nos téléphones portables, véritables couteaux suisses, en sont l'exemple le plus parlant : tantôt lampe de poche, agenda, appareil photo, caméra, secrétaire, album photo, console de jeux…), et de l'autre une attraction de plus en plus forte pour des modes de vie hérités d'antan, le vintage, le recyclage d'objets de seconde main, la décroissance raisonnée, une utilisation de la technologie éthique et maîtrisée… Dans quelques an-

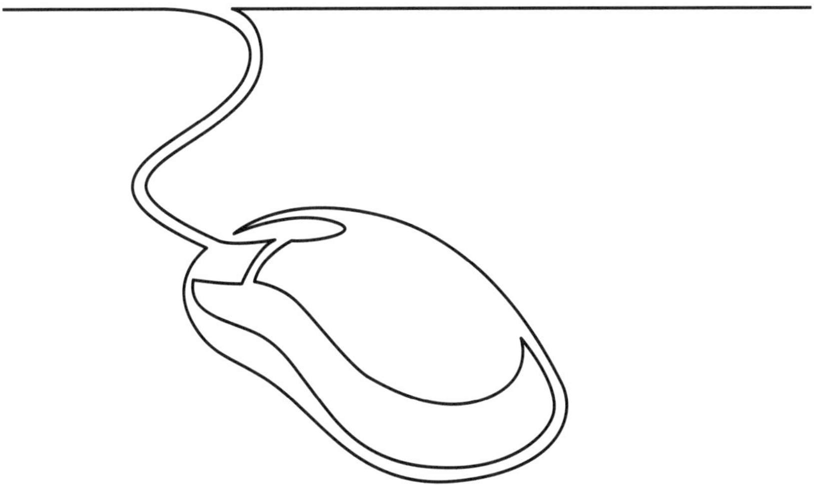

nées nous assisterons à des vagues d'émigration robotique en plus de l'émigration politique et climatique. Des millions d'emplois vont être remplacés par des machines à travers le monde, c'est déjà en cours... Nous devons l'anticiper pour ne pas la prendre de plein fouet.

PROFITER DES PLAISIRS SIMPLES

La simplicité est une marque d'évolution.

Grâce à mon métier, j'ai voyagé dans une vingtaine de pays différents. À l'étranger, je suis souvent logé dans des suites luxueuses et invité à des soirées huppées. J'ai vite réalisé à quel point tout cela était vain, et je préfère dorénavant loger dans un simple gîte en pleine nature plutôt que dans un palace en ville.

En partant plusieurs semaines avec une simple valise, on comprend vite que le contenu de notre appartement et toutes nos possessions ne nous manquent finalement pas tant que ça. Seules les choses simples et vraies rendent heureux. Ainsi, il sera toujours plus satisfaisant de déguster et d'offrir un repas que l'on a soi-même conçu que de s'asseoir à la table d'un hôtel luxueux.

Soyez des chasseurs-cueilleurs de votre bonheur et de votre bien-être. Profitez des occasions qui s'offrent à vous pour débusquer les choses simples de la vie : se donner la peine de marcher deux rues plus loin pour passer devant un endroit que l'on aime bien ou que l'on veut découvrir, s'y arrêter un instant… C'est un état d'esprit qui demande d'être disponible, à l'affût, observateur.

Mes grands-parents ont toujours représenté pour moi des citoyens modèles : au service de leur prochain, respectueux, patients, méticuleux, organisés et généreux. J'ai écouté avec attention leurs histoires, leurs conseils, les leçons qu'ils avaient tirées de la vie. Ils m'ont transmis beaucoup de choses simples mais essentielles. Ils ont grandi avec presque rien, dans des familles nombreuses, à une époque où l'électricité n'était pas encore généralisée dans les campagnes. Et si le progrès allait déjà très vite, ils avaient le temps d'assimiler les nouveautés, et n'ont jamais oublié leur enfance et la valeur des choses. Ils ont accumulé raisonnablement et doucement, sans s'égarer. Souvent, à Noël, mon grand-père racontait que quand il était petit, avec ses 10 frères et sœurs, ils recevaient chacun une orange comme cadeau, et qu'ils étaient très heureux de prendre le temps de la déguster car ils savaient qu'ils n'en auraient pas d'autre avant l'année suivante.

Mes grands-parents sont capables de me dire avec exactitude d'où provient chacun de leurs objets, combien ils les ont payés et en quelle année. Ils n'ont jamais sombré dans la consommation à outrance, et ont toujours préféré user leurs affaires jusqu'au bout, en étant contents de les réparer et de les prolonger, comme s'ils restaient fidèles à leurs objet pour tous les services rendus.

Ces petits plaisirs simples leur procurent de la joie, et leurs yeux pétillent quand ils en parlent, car bien au-delà du matérialisme, chaque chose représente des efforts, des sacrifices financiers, des investissements à long terme intelligents. Ils ne remplacent pas du mobilier parce que ce n'est plus à la mode ou qu'il y a une rayure sur le dessus. C'est un art de vivre et de penser dont tente de nous priver la société de consommation.

J'ai récupéré de nombreuses choses de mon arrière-grand-père paysan. Des outils de jardin, des vêtements de travail... Ils sont inusables, incassables et indéchirables ! Et tellement bien pensés... Aujourd'hui, on nous fait acheter trois fois plus, mais de trois fois moins bonne qualité. Mais quel est l'intérêt de se ruer sur les soldes et les promotions en pensant faire de bonnes affaires si c'est pour acheter des choses dont nous n'avons pas besoin et qui ne dureront pas ?

On a tendance à toujours vouloir tout faire évoluer, année après année. Pourtant, rien ne vaut la simplicité. Ainsi, un modèle de chaussures très populaire aura beau être décliné dans toutes les couleurs, on en reviendra toujours au modèle initial, indétrônable. Il en va de même pour le reste. La simplicité, de manière générale, ne déçoit jamais et est toujours garante à la fois d'une certaine réussite et d'une bonne stabilité.

ARRÊTER DE SUBIR SON CADRE DE VIE

Parce qu'on ne fait pas qu'y dormir...

Le cadre de vie est propre à chacun et influe énormément sur la qualité de vie et le bonheur au quotidien. Pourtant, on a souvent tendance à le subir plutôt qu'à le choisir (de par son lieu de naissance, les rencontres, les études, le travail, sans oublier le budget).

Vous vivez en ville dans un studio étouffant ? Dans une maison trop petite pour vous et vos enfants ? Dans un quartier qui ne vous plaît pas ? Ou vous vous ennuyez ? Posez-vous alors sincèrement et sans détours la question : Qu'est-ce qui vous empêche réellement de partir ? D'organiser votre déménagement ? De changer de vie et/ou de cadre de vie ? De manière de vivre ? Si vous deviez oublier toutes les contraintes, où aimeriez-vous vivre ?

En général, quand je pose cette question autour de moi, le bilan est sans appel : la plupart des gens s'empêchent eux-mêmes d'avancer, ne s'autorisent pas à passer le cap. Et les arguments qu'ils utilisent pour se convaincre eux-mêmes sont rarement convaincants.

Pourtant, le monde de l'habitat est actuellement en métamorphose, notamment avec l'apparition des maisons en kit, construites en atelier comme un meuble Ikéa. Aujourd'hui, il est possible de monter une maison moderne basse consommation en quelques jours pour un montant abordable, de vivre dans une région reculée et de travailler à distance grâce à Internet... Et donc de modeler sa vie et son travail autour d'un nouveau projet de vie !

Pour mes trente ans, l'un de mes objectifs était de trouver la maison de mes rêves... Et ce fut chose faite exactement une semaine avant mon anniversaire. Depuis, chaque réveil est un régal, car ce lieu recharge mes batteries et m'apaise. Mais il n'en a pas toujours été ainsi ! Quand j'ai commencé à prospecter pour déménager, la conjoncture était loin d'être idéale. J'étais dans une année marathon où je n'avais le temps de rien faire, ma situa-

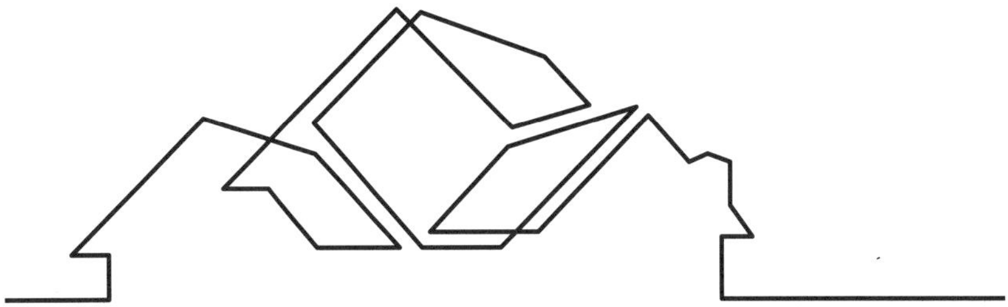

tion financière n'était pas au top, mais je m'étais fait cette promesse et mon cadre de vie m'intoxiquait. Alors j'ai foncé ! Et quand j'ai eu les clés et que je me suis enfin retrouvé CHEZ MOI, avec des années de travaux en perspective, plus rien ne comptait. Et toute la peine que j'ai eue et les batailles que j'ai dû mener les derniers mois se sont envolées face à la joie immense d'avoir réussi. D'être là !

L'être humain s'adapte très vite. Au bon comme au mauvais. Et souvent, nous pouvons, sans nous en rendre compte, passer des années à nous résigner avant de prendre les bonnes décisions. N'ayez pas peur d'aller de l'avant. Et n'ayez pas de regrets. Assumez vos réussites et vos succès comme vos échecs, en prenant le soin d'en tirer les leçons.

SE PRÉSERVER DES MAUVAISES CHOSES

Quand vous sentez que quelque chose, quelqu'un, une pratique ou une façon de faire n'est pas faite pour vous et vous nuit d'une manière ou d'une autre, n'hésitez pas à vous en écarter après avoir bien identifié vos motivations. Voici quelques exemples personnels pour vous inviter à réfléchir de votre côté à ces choses que vous voulez bannir ou éviter dans votre vie.

Mon grand-père a toujours jardiné avec la lune. Un jour, enfant, alors qu'il était affairé avec ses légumes, je me suis gentiment moqué de ses croyances sur l'influence que la lune aurait sur les plantes. Il m'a répondu calmement : « Tu sais Hugo, les plantes sont constituées essentiellement d'eau. » J'acquiesçais. « La lune a bien la force de faire plisser les océans de plusieurs mètres et de créer les marées. » J'acquiesçais à nouveau. « Donc, si la lune a un tel impact sur les océans, pourquoi n'impacterait-elle pas tout ce qui est composé d'eau, y compris les êtres vivants ? » Ce jour-là, mon papi m'a fait comprendre avec douceur et simplicité que l'astrologie et la numérologie avaient forcément une part de véracité, que le monde est régie par des forces en action constantes et invisibles, et surtout que j'avais tendance à critiquer les choses qui me faisaient peur ou que je ne connaissais pas. Pourtant, en dénigrant ce que l'on ne connaît pas, on se prive très souvent de beaucoup de choses extraordinaires ! Depuis, j'ai pris la décision, tous les deux ans, de me mettre à une de ces disciplines que j'avais pris l'habitude de critiquer. Je n'ai jamais autant appris !

Au même titre que la lune a une immense incidence sur notre monde, la parole, les pensées et les mots ont une réelle incidence sur nous. Certaines personnes dégagent en permanence une énergie noire qui consume leur entourage en vampirisant leur énergie et leur gentillesse. Elles ne savent fonctionner en société qu'en « abîmant » et en « écrasant » les autres. Sans tomber dans l'excès ou le jugement hâtif, si vous voyez que vos tentatives pour discuter et apaiser vos échanges sont vaines, sachez trancher et vous en écarter pour ne pas vous laisser contaminer.

À travers ce livre, notamment grâce au bilan, je vous invite à comprendre ce qui constitue une sorte de « bouclier social, émotionnel, affectif... », afin de pouvoir vous en libérer et ne pas le subir. Bien entendu, il est nécessaire de savoir se prémunir d'une partie de la méchanceté ou de la bêtise humaine, mais en prenant soin cette fois-ci d'en être conscient. Cette protection est alors composée de valeurs, de principes réfléchis, de vertus et de morale. Viendra s'y heurter qui veut.

Il y a quelques années, j'ai découvert que des chercheurs indépendants avaient mené des expériences sur les effets du langage sur la germination des graines. Les résultats sont édifiants : les graines qui n'ont reçu aucune attention particulière poussent normalement, celles à qui l'on murmure des paroles bienveillantes et d'amour poussent en abondance et celles sur qui on projette des pensées et des mots négatifs végètent ou meurent. Si les mots ont cet effet là sur les plantes, imaginez leur pouvoir sur les humains.

Dès lors, il paraît important de ne pas utiliser les mots à la légère. Le mot stress, par exemple, est un mot qui devrait être banni du vocabulaire parce qu'il génère ce qu'il décrit : « stressssss... » Il suffit de l'entendre pour commencer à stresser. Surtout qu'on a tendance à l'employer pour tout et rien dire, en le substituant à de nombreux mots beaucoup plus évocateurs. Plutôt que de dire « je suis stresssssssssé », ne pourrait-on pas dire, en fonction du moment et de la situation, « je suis préoccupé, soucieux, anxieux, nerveux, impatient, agité » ?

Certains mots, comme certaines pensées, font du mal. Il est donc important de ne pas minimiser leur impact et de bien les utiliser. Ainsi, un enfant à qui l'on répète en permanence qu'il est bon à rien, mauvais et/ou bête, aura peu chance de s'en sortir correctement dans la vie. C'est comme si on l'arrosait de haine et de tristesse : il risque de pousser fané...

NE PAS AVOIR PEUR DU MOT ÉSOTÉRISME

Le non palpable semble toujours mystique.

La façon de concevoir et d'envisager la science en Occident nous a écartés de tous les phénomènes non vérifiables par A + B. Si une expérience ne peut pas être démontrée de cette façon, les conclusions et ce qu'elle soulève, en plus de ne pas être prises au sérieux, rejoignent irrémédiablement un grand « fourre tout » abyssal relayé au rayon « ésotérisme » des bibliothèques. Au XIXe siècle, l'intérêt pour les sciences non palpables était immense et de nombreuses personnalités organisaient des soirées d'exploration et d'initiation, tant pour la recherche du frisson que pour tenter de sonder ces puits sans fonds apparents. Quelques siècles plus tôt, c'est notamment l'électricité qui fascinait. Il était alors fréquent d'organiser des expériences pour constater les effets de l'électricité statique, de s'infliger de petites décharges ou d'admirer des arcs électriques sans trop savoir ni comprendre le phénomène. Une fois encore, la peur, les a priori et le manque d'ouverture nous privent d'explorer librement et en public des phénomènes surprenants. Ce n'est que par la volonté et le courage de certains pionniers que nous avançons, et ce qui hier n'était pas pris au sérieux et ridiculisé est aujourd'hui une évidence.

Je cite ici Nicolas Tesla, personnage extraordinaire qui a breveté plus de 900 inventions de son vivant et à qui on doit toutes les bases de nos technologies modernes. Autant vous dire qu'il n'avait rien à envier à De Vinci ou Einstein... Mais pour diverses raisons l'Histoire a négligé de le maintenir sur le devant de la mémoire collective. Il disait : « Si vous voulez trouver les secrets de l'Univers, pensez en termes d'énergie, de fréquence, d'information et de vibration. » « Le jour où la science commencera à étudier les phénomènes non physiques, elle fera plus de progrès en une décennie que dans tous les siècles précédents de son existence. » Aujourd'hui, face au gouffre que représente la physique quantique, beaucoup de scientifiques commencent à l'aborder avec philosophie, en acceptant que des choses non palpables leur échappent totalement et les empêchent d'avancer... De l'infiniment petit aux théories des Multivers.

J'aimerais ouvrir une petite lucarne dans ces abysses que je continue de sonder avec curiosité, en vous parlant des figures de Chladni sur les vibrations sonores (en recherchant sur Internet, vous trouverez de nombreuses vidéos basées sur les recherches de ce physicien). Pour les faire apparaître, disposez des enceintes, reliées à un ampli, sur une plaque de métal, de manière à ce qu'elle vibre en fonction des différentes sonorités. Déversez alors régulièrement des grains de sable ou de sel sur la plaque, et vous verrez qu'ils vont se déplacer et se figer dans des formes géométriques complexes à chaque nouveau son. Ces figures vont du pelage du léopard à la carapace d'une tortue, en passant par la forme des cellules vues au microscope ou à des formes géométriques épurées. On les appelle les figures de Chladni. Elles apparaissent aussi avec l'eau, la lumière, et nous font réaliser à quel point notre monde est étroitement lié aux vibrations...

Plutôt que d'en avoir un peu peur, considérons ce que l'on qualifie d'ésotérique comme un nouveau continent à explorer.

BIEN-ÊTRE ET FITNESS, GARE AUX DÉRIVES

L'importance du discernement.

L'engouement pour le fitness et le développement personnel sont une bonne chose, mais je remarque des dérives qui me heurtent et m'interpellent.

Côté fitness, beaucoup de gens se lancent avec pour objectif principal d'être « bien foutu », d'avoir « un corps de rêve ». Ils s'empressent de s'acheter toute la panoplie de vêtements fluo avant même de s'y mettre, postent le moindre de leurs progrès sur les réseaux sociaux, dépensent leur énergie sur des machines électriques dans des clubs de gym où la plupart des gens s'observent et se comparent, prennent des compléments protéinés onéreux sous forme de poudre et de boissons... Je crois qu'il faut avant tout voir dans le sport un moyen de se sentir plus libre dans son corps, sans devenir la victime d'un système de consommation.

Même chose pour le développement personnel. Beaucoup de coachs spécialisés dans le business vendent cher des programmes qu'ils englobent de mystères, promettant monts et merveilles, fortune et réussite. Pour la plupart, ils ne font que délivrer à petites doses et à la manière de gourous des techniques répandues pour vous mettre en appétit et vous charmer jusqu'à ce que vous achetiez un abonnement. Leur approche n'est pas saine, car ils conservent jalousement l'ensemble des techniques qu'ils vendent ensuite dans le cadre de conférences privées. Le travail sur soi doit au contraire permettre d'aider les autres à travers son propre épanouissement personnel. En se bonifiant, un individu, fait bénéficier son entourage de sa bonne humeur, de son énergie, de son oreille attentive et de ses petits conseils bienveillants. On ne devient pas une meilleure version de soi-même si l'unique intérêt est d'en mettre « plein la vue » aux autres et de les éclabousser de sa réussite.

Conclusion

Notre plus grand ennemi, c'est toujours nous-même…

Je crois que beaucoup de personnes n'auraient pas besoin d'aller voir un psychologue si elles acceptaient de se confronter à elles-mêmes. Nous détenons au fond de nous la plupart des solutions à nos maux, encore faut-il accepter de s'y confronter. Le psychologue peut nous aider à faire ce lien, à servir de médiateur entre le soi de surface et le soi profond.

À mon sens, les techniques de bien-être, comme les graines des plantes, doivent être libres et universelles. Dans ce livre, je ne veux pas revendiquer de principes ou de méthodes « à moi », car j'estime ne faire que retranscrire des savoirs qui sont là depuis toujours. Le savoir devrait pouvoir se transmettre sans être emprisonné sous des appellations contrôlées. On voit bien ce que cela donne dans le règne végétal avec des firmes comme « Monsanto ». Qui peut accepter qu'on privatise le vivant ? Que l'on revende des graines stériles et modifiées génétiquement ?

Je me souviens avoir remarqué, enfant, lorsque je me promenais dans les chemins creux à proximité de la maison où j'ai grandi, que les oiseaux laissaient les graines de maïs semées par les tracteurs. Celles-ci étaient englobées d'une épaisse couche chimique rouge vif...

Comme les oiseaux, on a tendance à fuir devant ce qui est englobé sous une couche de mots trop savants ou inutilement compliqués. Devoir commencer par enseigner un jargon compliqué avant de pouvoir transmettre une méthode de bien-être... Cela nuit à ceux qui en auraient le plus besoin ! On doit pouvoir aborder ces thématiques avec simplicité et générosité.

Ne laissez pas votre bonheur entre les mains des aléas de la vie : c'est vous qui tenez les rênes ! Ne vous laissez pas trop affecter par les galères du quotidien, ni le lot des mauvaises nouvelles et des complications journalières prendre le dessus sur le reste. On peut être profondément heureux et paisible, tout en étant triste en surface, c'est-à-dire ne pas remettre en cause son état profond de bien-être à chaque problème. Ainsi, vous pouvez être préoccupé ou malheureux car un ami va très mal, penser à lui et le soutenir, sans pour autant vous laisser envahir. Cette personne aura besoin d'amis forts et solides à ses côtés pour la soutenir, et non pas d'amis qui sombrent avec elle.

Je crois qu'il est important de séparer les choses et de décider, lorsque vous recevez une mauvaise nouvelle, de ne pas la laisser affecter votre humeur. On peut réellement choisir, dans une mesure raisonnée, l'importance que l'on va accorder aux échardes de la vie. Rien n'est jamais parfait ou stable longtemps : mieux vaut privilégier une vue d'ensemble. Soyons souples comme le roseau, et ne craignons pas les tempêtes de la vie.

En écrivant ce livre, j'ai tenu à ne pas désigner les techniques dont je parle car il me semble que la simplicité doit être de mise pour parler des sujets importants. Peut-être que comme moi, les livres qui arborent ces mots sur leur couverture ne vous attirent pas. Même si cela n'est pas dit explicitement, ce livre aborde le développement personnel, l'auto-hypnose, la sophrologie, la méditation (active, passive, douce), le sport, le fitness, la gymnastique douce, la musculation, le stretching, le reiki, le Pilates, le yoga, les médecines douces et alternatives, l'automédication, l'auto-guérison, la psychologie personnelle et sociale, le massage, l'ostéopathie, la psychothérapie, la spiritualité, l'école de vie, le langage émotionnel, la diététique, le végétalisme, la pleine conscience... Il laisse également entrevoir l'art des guérisseurs, la phytothérapie, le shiatsu, le Qi Gong, l'harmonisation des chakras, la loi de l'attraction, la communication non verbale, l'ésotérisme, le 6e sens...

Ce tour d'horizon, organisé de façon circulaire, est un premier grand cercle, à la fois simple et complexe. Ce cercle est lui-même inscrit dans une multitude d'autres cercles, plus grands et interconnectés. N'hésitez pas à aller explorer ces autres cercles de connaissances et d'éveils. J'ai laissé à cet effet de petits clins d'œil tout au long de l'ouvrage que vous avez sans doute remarqués.

Être bien dans sa tête, c'est aussi savoir qui l'on est et accepter d'ouvrir les yeux sur le monde dans lequel on vit pour y trouver sa place. Pour ma part, je continue d'avancer, sans savoir de quoi demain sera fait, en étant heureux, prospère et bienveillant. Les choses ne sont pas figées, et je tâche de me bonifier en permanence et de m'améliorer. Moi qui ai toujours été perplexe quant au devenir de l'humanité, je constate un réel éveil. Au-delà de la mode pour le bien-être et le respect de l'environnement, on assiste à une véritable prise de conscience collective qui grandit partout de façon exponentielle, tous âges et milieux confondus. Cet éveil va balayer une partie de la bêtise qui nous pousse à consommer aveuglément sans réfléchir aux conséquences, à ne penser qu'à nos intérêts à court terme. Nous voguons vers des jours difficiles mais meilleurs. Nous n'avons pas le choix, c'est le plus beau défi de nos générations, et ça se passe dès aujourd'hui.

Notre civilisation est comme un immense train de bêtise et d'inconscience qui, lancé à toute vitesse, foncerait inexorablement sur un mur. Ce train ne peut ni faire machine arrière ni freiner en quelques années... À l'échelle d'une vie, le réveil peut paraître lent, mais en prenant du recul, on s'aperçoit que ce virage est en réalité très brusque et marqué.

Nous, les Français, sommes considérés comme de grands râleurs. Je crois que c'est en partie grâce à cela que nous sommes toujours le pays des droits de l'Homme. Nous savons dire non, taper du poing sur la table, exprimer notre mécontentement, nous indigner (comme le disait si bien Stéphane Hessel)... Et tout cela est infiniment précieux.

Chaque fois que je voyage longtemps, je suis toujours heureux de rentrer dans mon pays car je mesure davantage la chance que nous avons. Malgré le mal que font depuis des décennies certains de nos politiciens à nos acquis sociaux et culturels, nous résistons ! Et nous nous devons de continuer de le faire avec force et conviction. Il faut stopper la bêtise quand elle est dans l'œuf, au stade d'idée ou de projet, ne pas attendre qu'elle éclose, grandisse et s'enracine, comme le raconte si bien Franck Pavloff dans son petit livre *Matin Brun*.

Enfant, j'ai eu la chance de voir mon père se dresser contre des projets stupides, pensés par des bureaux d'études déconnectés de la réalité, qui auraient défiguré notre région et mis de nombreuses familles dans des situations inacceptables. J'ai vu comment un seul homme, par la seule force de sa détermination, pouvait fédérer les gens autour de lui pour défendre, avec cœur et conviction, des causes justes, et barrer ainsi la route de géants.

Un grain de sable, aussi petit soit-il, peut enrayer la machine la plus puissante et sophistiquée du monde, pourvu qu'il sache où et comment agir...

J'espère que ce livre vous aura ouvert de nouveaux horizons et vous aura aidé à vous arrêter un peu sur le côté de l'autoroute de la folie humaine pour reprendre votre souffle, observer, faire le point, et ensuite repartir en sachant d'où vous venez, ce vers quoi vous voulez aller, et surtout ce vers quoi vous ne voulez pas ou plus aller. En dénouant les nœuds de vos pensées, la conversation avec vous-même deviendra nettement plus facile et vous trouverez votre chemin.

Explorez-vous, vous ne regretterez pas le voyage !

« La vie c'est comme la bicyclette,
il faut avancer pour ne pas perdre l'équilibre. »

Albert Einstein

REMERCIEMENTS

Je remercie ma famille et mes amis pour qui j'ai été un peu absent ces derniers mois pour pouvoir mener à bien ce projet.

Un grand merci à Cyril Roche pour tous nos échanges et débats passionnés autour des sujets de ce livre et les shootings photos qui ont permis d'illustrer les exercices.

À tous mes amis coordinateurs et cascadeurs pour la confiance qu'ils m'accordent et la qualité de leur travail. Je n'ai jamais eu de blessures importantes sous leurs yeux bienveillants.

Merci également à Raphaël Geslan et toute l'équipe de Graals, Azdine Sadki, Mathis Bariller, mes nouveaux voisins, et particulièrement Didier et Élisabeth.

L'AUTEUR

Hugo Bariller rêve de devenir cascadeur depuis qu'il a commencé le Judo, à l'âge de 5 ans, avec Serge Poète qui, plus qu'un professeur, a été un véritable guide spirituel. Il patiente alors jusqu'au bac, passant tout son temps libre à dessiner, peindre, faire du sport bricoler et profiter de la nature. À 18 ans, il quitte sa région natale pour travailler en Île-de-France, dans un grand parc à thème. Confronté à la réalité et la difficulté des métiers de la scène et du cinéma, il s'entraîne pendant des années, jusqu'à cinq soirs par semaine, en plus de son travail, pour s'enrichir d'un maximum de connaissance et parvenir à la polyvalence qu'il souhaite atteindre. Il intègre deux conservatoires de théâtre à Paris et suit un cursus pour devenir comédien. Il étudie, depuis 25 ans, les arts martiaux et les sports de combat.

Il enchaîne les projets (cinéma, TV, publicité, court-métrage et spectacle vivant) en France et à travers une vingtaine de pays, en tant que comédien, cascadeur, assistant coordinateur et chorégraphe de combat, s'adonnant aussi à la réalisation et au montage vidéo.

Il travaille aujourd'hui avec plusieurs coordinateurs renommés, les mêmes qui l'ont fait rêver enfant, continuant sans cesse d'explorer et de s'intéresser à toutes sortes de domaines pour répondre à son insatiable curiosité.

Pour suivre une partie de son actualité ou voir son travail, rendez-vous sur :

www.hugobariller.com

et sur Instagram :

hugo_bariller